Fred Klein

Ungebremst um die Welt und ein Ende in Sicht - Teil 2
Erlebnisse eines Motorrad-Weltenbummlers, 2010-2012

Von Neuseeland über Süd-, Zentral- und Nordamerika
zurück nach Deutschland, ca. 170.000 Kilometer

Fortsetzung des ersten Buches, Ausgabe 2010, Rediroma-Verlag,
ISBN 978-3-86870-240-8
Deutschland bis Neuseeland, 2005-2009

Fred Klein

Ungebremst um die Welt und ein Ende in Sicht –

Teil 2

Erlebnisse eines Motorrad-Weltenbummlers,
2010-2012

Von Neuseeland über Süd-,
Zentral- und Nordamerika
zurück nach Deutschland, ca. 170.000 Kilometer

Rediroma-Verlag

Bibliografische Information der Deutschen Nationalbibliothek:
Die Deutsche Nationalbibliothek verzeichnet diese Publikation in
der Deutschen Nationalbibliografie; detaillierte bibliografische
Daten sind im Internet über http://portal.dnb.de abrufbar.

ISBN 978-3-98885-453-7

Copyright (2024) Rediroma-Verlag

Fotos und Idee: Fred Klein
Umsetzung: Rediroma-Verlag

Alle Rechte beim Autor

www.rediroma-verlag.de
17,95 Euro (D)

Inhalt

Vorwort 9
Lebensgeschichte 10
Vorbereitung 12
Der Abschied von Neuseeland 13

Südamerika

Chile-Argentinien-Bolivien 17
Bolivien-Brasilien-Paraguay 60
Peru-Ecuador 88
Kolumbien-Venezuela 108

Zentralamerika

Panama 128
Costa Rica 136
Nicaragua 143
Honduras 149
El Salvador 157
Guatemala 163
Belize 169

Nordamerika

Mexiko 173
USA, Canada, Alaska 201
Canada 1 221
Alaska 228
Canada 2 239
USA bis Ende 245
Nachtrag 256
Fotobeschreibung 259
Verbrauchsdaten 265

Lisbeth, Eveline, Mechthild, Herbert, Andreas K., Mecki, VA-Peter,
die während meiner Weltreise verstorben sind und
Wolfgang, Martina Villa Kunterbunt Chile, sowie Bodo,
nach meiner Reise, zur ewigen Erinnerung.

Fahrt weiterhin im Bikerhimmel unter uns und ruht in Frieden.

Anmerkung vom Autor:
„Wer im Buch Rechtschreib- oder Grammatikfehler findet, der darf diese behalten oder auch selbst weiterverwenden."

Vorwort

Inzwischen bin ich schon seit 12 Jahren nach meiner ersten Reise in 2005 wieder in Deutschland.
2020 im Frühjahr ging es mit dem Corona Virus los, der weltweit große Todesfälle verursacht hat. Bis heute 2022 ist die Pandemie nicht in Griff zu bekommen, keiner weiß, wodurch diese Pandemie ausgelöst wurde!

Putin regiert noch immer in Russland und hat diesen Krieg 2022 mit der Ukraine angefangen und dadurch eine weltweite Krise ausgelöst, sei es erhöhte Gas-/Spritpreise, Energiekosten, Hungersnöte, in vielen armen Ländern, die auf den Weizen der Ukraine angewiesen waren, um zu überleben. Die Lebensmittelpreise explodieren, keiner weiß, wo das alles noch hinführen wird, geschweige denn zu Ende ist.
Trotzdem habe ich den Entschluss gefasst zu einer zweiten Weltreise aufzubrechen so wie ich es mir bei meiner Rückkehr im Oktober 2012 vorgenommen hatte, aber dazu mehr im dritten Buch.
Dreiundzwanzig Länder hatte ich zuvor bereist, nachdem ich in Neuseeland angekommen bin und mein erstes Buch veröffentlicht habe, weil ich zwei Monate auf den Verschiffung Transport meiner Kawasaki KLR 650 nach Südamerika-Chile habe warten müssen.
Erst jetzt bin ich soweit den Entschluss zu fassen im Oktober 2023 mein zweites Buch der Weltreise von Neuseeland nach Süd-Zentral und Nordamerika zurück nach Deutschland zu Schreiben.
Weitere 19 Länder, die bereist wurden, mit meiner in Australien gekauften neuen Kawasaki KLR 650, die auch Bergziege bzw. Frieda die Bergziege im weiteren Verlauf des Buches benannt wird.

Lebensgeschichte

Rückkehr der Reise nach Deutschland Oktober 2012 bis Oktober 2023, bis zum zweiten Buch.

Ende Oktober 2012 in BRD gelandet und in Reutlingen wohnhaft gewesen, wieso weshalb warum, da möchte ich nicht drauf eingehen, da dies sehr persönlich ist.
Relativ schnell, einen Monat später habe ich wieder gearbeitet, alles ging sehr fix und mir kam es nicht so vor, dass ich über 7 Jahre zuvor unterwegs war und keine Lust mehr habe zu Arbeiten. Entgegen allen Aussagen von Freunden und Bekannten, dass man versaut ist für den Rest des Leben arbeiten zu wollen. Es ist genau anders gekommen, hochmotiviert wieder einen geregelten Ablauf zu haben und Geld zu verdienen, denn von nichts kommt nichts, ohne Moos nichts los.
Miete, fahrbarer Untersatz, Lebensmittel, Wohnraum, Versicherungen, alles kostet. Mit dem Arbeiten hat man auch wieder eine vernünftige Krankenversicherung.
Nach gefühlten 6-8 Monaten hatte ich wieder das Gefühl, zu meinen alten Wohnort im nördlichen NRW, hochzuziehen.
Gesagt getan, ich konnte vorerst bei einem alten Biker Kumpel unterkommen, Guzzi Heinz, bis ich Arbeit gefunden habe, welches sich hier schwieriger herausstellte als in Baden-Württemberg. Es brauchte 2-3 Anläufe, bis sich etwas geeignetes fand, allerdings 3 Schichtbetrieb, Logistikbereich-Feinkost-Hochregallager, welches ich 3,5 Jahre ausgehalten habe, dann durch Zufall wieder in den Betrieb ab 2016, wo ich vor meiner Reise zuvor schon gearbeitet hatte. Diesmal in der Qualitätssicherung-Wareneingangskontrolle, wo ich bis heute beschäftigt bin.
Viele Arbeitskollegen von damals machten mir den Einstieg einfach, es gab in der 2 Monate Probezeit ein Gespräch auf Führungsebene wie meine Zukunftspläne aussehen, ob ich in den nächsten 2-3 Jahren wieder kündige und auf Reise gehen wolle, dies verneinte ich und sagte ihr könnt mit mir die nächsten 6-8 Jahre rechnen, dann gehe ich vorzeitig in den Ruhestand und so Gott will so wie meine Gesundheit mitmacht wieder auf Reise. Für

den Rest des Lebens, vorerst Richtung Australien meine Geschwister, Nichten und Neffen besuchen.
Vermutlich werde ich mich dann auch dort zur Ruhe setzen, sicherlich sind es einige Jahre des Reisens, bis ich dort ankomme.
Meine Schwester Elfie und Schwager John bot mir in Queensland-Moffatdale die Möglichkeit an, dort unterzukommen, autark in Caravans an einen Stausee gelegen. Mal sehen, wann ich dort ankomme und ob der Körper mich in meiner Bewegungsfreiheit nicht noch weiter einschränkt. Die Gesundheit muss mitmachen. Eine Knie OP mit Endoprothese steht noch an, und zwar links. Dies Bedarf sicherlich einen längeren Heilungsprozess.

Vorbereitung

Da seinerzeit (2010) Taiwan die vorübergehende Einfuhr von deutschen Motorrädern nicht erlaubte, trotz Carnet de Passage (Zolldokument fürs Krad), entschloss ich mich nach Südamerika zu verschiffen, um dort meine Reise fortzusetzen.
In Südamerika braucht man auch kein Carnet de Passage, sodass ich meine hinterlegte Kaution von 3500,-€ vom ADAC wieder bekam, nachdem ich die BMW R 100 GS nach Deutschland zurück verschiffte.
In Südamerika bekommt man immer für 3 Monate eine kostenlose vorübergehende Einfuhrerlaubnis samt Visum für 3 Monate.
Die Vorbereitung zum Verschiffen nach Südamerika war einfach, ich hatte mich bei drei Frachtagenturen erkundigt wie die Preise und Dauer für die Verschiffung meiner Kawasaki von Neuseeland/Wellington nach Südamerika/Chile/Valparaiso sind und nahm die günstigste davon. Zwei Monate sollte die Verschiffung dauern, da keine Frachtschiffe direkt von NZ nach Südamerika fahren. Den Versand und Verpackung sowie Transport zum Frachthafen machte ich alles alleine um Geld zu sparen, ein Flug wurde erst gebucht, als ich Info bekam, dass meine Bergziege Frieda Mitte November 2010 in Valparaiso ankommt.
Eine Gelbfieberimpfung für Südamerika war vorgeschrieben, diese ist in Neuseeland nur an einer Stelle wegen dem Lebendimpfstoff zu bekommen und kostet etwa 200NZD, letztendlich hat kein Zoll/Immigration bei Einreise in Südamerika danach gefragt oder meinen Impfpass habe sehen wollen.
Alles wurde in das Transportgestell samt Ersatzteilen und Reifen verstaut, so dass ich nur mit einem kleineren Gepäckstück und Rucksack im Flieger unterwegs war. Das entsprechende Transportgestell aus Metall habe ich von einem ansässigen Motorradhändler gesponsert bekommen.

Der Abschied von Neuseeland und Flug nach Südamerika bis zum Reisestart am 2.12.2010

Am 4.11.2010 bin ich von Auckland der Nordinsel Neuseeland nach Santiago de Chile, Chiles Hauptstadt mit 6 Millionen Einwohner geflogen. Su und Peter, liebgewonnene Motorrad Langzeitreisende, er Deutscher, sie Thailänderin haben mich zum Flughafen gebracht.
In Südamerika war gerade Sommerzeit und ich fühlte mich mit meinen wenigen spanisch Kenntnissen erschlagen von diesen Menschenmassen, kaum jemand spricht englisch, selbst am Flughafen nicht. Meine erste Handlung war es, Geld vom ATM zu ziehen, mit meiner Maestro Karte bekam ich hier nur 50.000 Chil. Peso, was etwa 80,-€ seinerzeit entsprach. Bei einer Gebühr von umgerechnet 5,50€, die mir meine Heimatbank dafür abzog.
1€ war ca. 640 Chil. Peso wert, eine Unterkunft im Londres (Paris-Viertel) fand ich für 8900 Chil. Peso, ein altes Hotel Gebäude mit Möbeln aus 1880. Etwa 10 Tage habe ich mir Santiago de Chile angesehen, bin zu Fuß und mit der Metro, drittgrößte in Südamerika nach Sao Paulo und Buenos Aires mit etwa 150km Streckenlänge unterwegs gewesen, um Sehenswürdigkeiten anzusehen und mich nach dem Winter in Neuseeland zu klimatisieren auf einer Höhe von 600m ü.N.N. Hier habe ich auch bei meiner Frachtagentur und mit einem englischen sprechenden Mitarbeiter mein Bill of Loading erledigt, welches 76.000 Chil. Peso etwa 130,-€ gekostet hat. (Frachtpapiere fürs Krad)
Am 20.11.2010 sollte meine Bergziege in Valparaiso im Frachthafen ankommen. Mit dem Bus 3200 Chil. Peso=5,-€ für 120km) machte ich mich auf den Weg nach Valpo, wie es liebevoll von den Einheimischen genannt wird. Gezielt ging ich zur Villa Kunterbunt, wo Martina eine deutsche mit Enzo Ihrem chilenischen Mann eine Backpacker-/Reisenden-Unterkunft betreibt, (Gott ist Ihrer gnädig, Martina ist inzwischen verstorben), Enzo betreibt die Villa Kunterbunt nicht mehr so wie ich erfahren habe). Enzo ist bei den Zollformalitäten behilflich.

2 Tage später haben wir mit Enzos altem Pick-Up, mich als Fahrer welches eine große Herausforderung mit der defekten Kupplung zu fahren gewesen ist meine Bergziege samt Transportgestell aus dem Zoll-Hafen geholt, dies war insgesamt bisher meine 5te Verschiffung auf der Reise.

Nach dem Auseinanderbau des Transportgestells und Zusammenbau des Krades stellte ich nach einigen Startversuchen fest, dass meine 7 Jahre alte Hawker Gelbatterie fertig war, es musste eine neue Batterie her, im nahegelegen Motorradshop bekam ich eine Wartungsfreie für umgerechnet 50,-€.

Martina erzählte mir das in 2 Tagen ein Österreicher kommt, der sein BMW Ulrich Gespann hierher verschifft hat und dass es Mitte Dezember ein HU Motorradtreffen in Argentinien, der Stadt Viedma gibt, wo sich viele Weltreisende treffen werden. Beides interessierte mich, also blieb ich ein paar Tage länger vor Ort, habe meine mitgebrachten Verschleißteile bei Martina deponiert. Mein erstes großes Endziel in Südamerika sollte die südlichste Stadt der Welt, Ushuaia sein. Auf dem Rückweg käme ich eh wieder nach Valpo um meine KLR 650 E mit den Verschleißteilen auf Vordermann zu bringen. Phillipe, der Österreicher kam und wir redeten viel miteinander, er ein absolutes Greenhorn, plante gleich solch eine gewaltige Reise, kaufte das Gespann und verschiffte es baldigst von Holland nach Südamerika, zu dieser Zeit war er mehrere Jahre beruflich in Düsseldorf tätig, sein Gespann war sehr reparaturanfällig mit Mängeln versehen wie sich in den kommenden Tagen/Wochen herausstellte. Ich erwähne hier Phillipe, weil ich ihn in Südamerika immer wieder getroffen habe und wir viele Etappen aus Sicherheitsgründen zusammen gefahren sind.

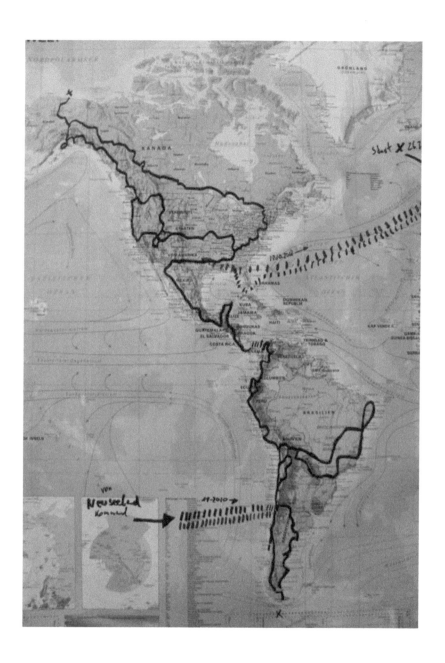

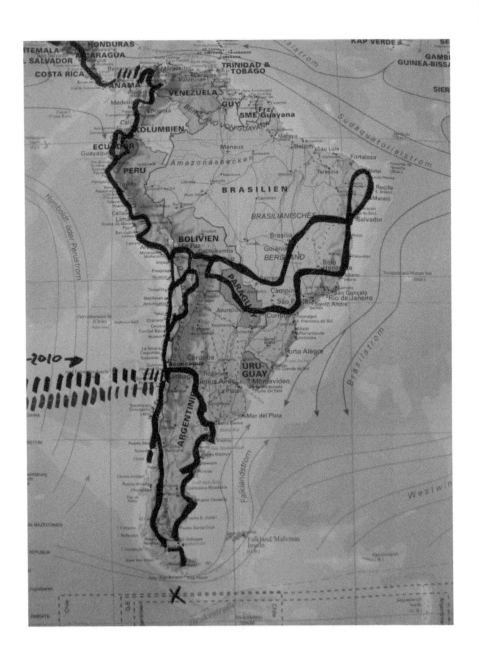

Chile-Argentinien-Bolivien

Am 2.12.2010 brachen wir beide auf, Richtung Argentinien über den San Fransisco Pass (4726m) nach Mendoza. Der Grenzdurchlauf nach Argentinien war einfach, zudem man als Kradfahrer kein Carnet de Passage für Südamerika braucht, man bekommt immer eine kostenlose vorübergehende Einfuhrerlaubnis für 3 Monate, auch ein kostenloses Visum mit deutschem Pass für 3 Monate. Ist man erstmals im Computer erfasst dann geht es Ruck Zuck mit den Formalitäten, auch für mich als deutscher Passhalter mit australisch zugelassenem Motorrad. 170 Kilometer später blockierte Phillipe sein Seitenwagenrad, die Bremse saß fest, löste sich nach erkalten der Bremszange,30km weiter setzte ein Zylinder aus, ich fuhr hinter ihm und konnte beim Beschleunigen sehen das schwarzer Qualm aus einem Auspuff kam. Das fing ja gut an dachte ich, ob wir jemals nach Oscar dem Veranstalter des HU Treffen in Viedma ankommen werden. Es fing eine einwöchige Schrauber Grundkurslehre für Phillipe und selbst mich an, denn es kamen Sachen zum Vorschein, die selbst ich mir nicht erklären konnte und die unbegreiflich sind und waren. Nachdem fast täglich die rechte Zündkerze durchknallte und gegen eine neue ausgetauscht wurde, kamen wir doch noch pünktlich zum HU Treffen in Viedma an.

Großes Staunen meinerseits,12 Biker aus aller Welt waren dort auch etliche deutsche und alle wollten runter nach dem Globetrotter Treffen auf der Campsite Rio Ripo in Ushuaia. Oskar stellte ein schönes Programm mit Rundfahrt und Sightseeing zusammen, abends dann immer Asado, großes Grillen für alle, nach einem speziellen Ritual. Oskar hat seine Schrauber-Kumpels informiert, um Phillipe mit dem Gespann weiter zu helfen, was vorerst auch half, aber die Probleme hörten irgendwie nie auf.

Weiter ging es nach Valdez einer Halbinsel mit einer Tier- und Artenvielfalt, die uns umhaute. Phillipe folgte dem Asphaltband, ich der Küste über raue Pisten und reichlich sandigen Abschnitten, die mich herausforderten, ich hatte einfach keine Lust 100km über Asphalt derselben Strecke wieder zurückzufahren. Abends traf auch Phillipe auf dem Campingplatz in Puerto

Pyramides auf Valdez ein. Sein Boxergespann lief einwandfrei, also hat es doch an den 180er Hauptdüsen gelegen, jetzt sind 160er drin, zu viel Benzin im Brennraum verrußte die Zündkerzen und verursachte auch, dass hin und wieder eine durch Pfiff, nun war alles im Lot dachten wir beide. Es gibt 7 Kolonien von Mangellan Pinguine dort, etwa 400km südlich in Punta Tombo gibt es die größte Kolonie außerhalb der Antarktis mit 500-750.000 Tieren, Brutzeit September bis März, die Tiere werden etwa 70cm groß und 6-7kg schwer, gekennzeichnet durch ihre gelblichen Augenbrauenfedern. In Valdez sieht man zudem vom Ufer aus Wale. Seelöwen und Seeelefanten an den Küsten erkennt man durch deren üblen Geruch und macht diese schnell ausfindig.

Nach Puerto Pyramides trennten sich unsere Wege, Phillipe wollte sich länger an der Küste aufhalten, ich aber nach Süden zu Ushuaia, weil dort zwischen Weihnachten und Neujahr immer ein Globetrotter Treffen stattfindet. Zumal es auch die südlichste Stadt der Welt ist und man wohl nur einmal in seinem Leben dort auftaucht. Ich fuhr nach Gaiman, wo es walische Siedlungen gibt. Dort auf dem Campingplatz angekommen, bin ich wegen zwei Pfadfindergruppen, Die sehr geräuschvoll und unachtsam mit Feuer und umherspringender Glut umgingen, am anderen Morgen abgehauen.

Meine Bergziege machte sich prima, auf Schotter und Straße, nur der orkanartige Wind aus dem Landesinneren hebt mein Benzinverbrauch von 5 L=100km auf das doppelte an. Meinen faltbaren 20Liter Benzinsack von der australischen Firma www.turtlepac.com.au füllte ich aus Sicherheitsgründen auf. Weitere zweimal blieb ich unvorhersehbar liegen, schon nach 189km musste ich auf Reserve umschalten.

Unvorstellbar, sonst geschah dies erst bei 380km, der Wind, der oft von vorne und frontal seitwärts kam, blockte meinen Fahrtrieb, oft musste ich Vollgas geben um überhaupt 80km/h fahren zu können. Wurde ich langsamer, brauchte ich die gesamte Fahrbahnseite für mich alleine, weil der Wind mich hin und her schob, es wurde gefährlich, wenn LKW kreuzten, dann kam ich mir vor wie eine Pusteblume im Orkan.

In Punta Tomba etwa 400km südlich der Insel Valdez, gibt es wieder

Pinguin Kolonien, die größte Kolonie außerhalb der Antarktis, Eintrittspreise für ausländische Touristen 70 Arg. Peso=14,-€. Einheimische zahlen nur 12 Arg. Peso=2,40 €, für mich ist das Diskriminierung. Selbst auf Campingplätzen, wo ich 20Argt. Peso zahle, brauchen Einheimische nur 15 zahlen, so war es in Indien und anderen Ländern auch. Ich bin dafür, dass Ausländer in Deutschland auch mehr Eintrittsgeld zahlen sollen wie wir Einheimische. Damit andere Menschen/Bewohner, sich auch diskriminiert fühlen und diese Länder es hoffentlich ändern mit den ungleichen Eintrittspreisen, von Einheimischen und Ausländern. Von Punta Tomba folgte ich den Highway 3 schnurstracks nach dem Nationalpark Natural Bosques Petrificados, wo es versteinerte, 1500 Jahre alte Bäume zu sehen gibt. Kein Eintrittsgeld wurde verlangt, liegt er doch 50km abseits der Asphaltstraße, nur über eine steinige Piste zu erreichen, was viele davon abhält, diesen Nationalpark aufzusuchen.
Die Landschaft änderte sich von flacher Pampa in bergiges Umfeld mit Vulkankegeln und verschiedenen Farbtönen, von Ocker bis Rot. Auf einen angelegten Rundwanderweg von 2km Länge kommt man direkt an den bis zu 30m langen und bis zu 3m im Durchmesser großen versteinerten Baumriesen vorbei. Froh diesen kleinen Abstecher gemacht zu haben, kam ich mit nur einem Sturz, am Abend erschöpft in Puerto S. Julian an.
Was war passiert, ich zog einen 30km langen Touristikdrive vor, den **Circuit Costero,** der entlang der Steilküste folgt und wunderbares Panorama auf die Klippen und das Meer bot. In einer Kurve schob mich der Wind von hinten an, sodass ich zu viel Schub bekam und mit 60km/h um eine Kurve geschoben wurde, wobei mein Vorderreifen, Mitas E 07 seitlich wegrutschte und ich mich ohne Verletzung ablegt habe. Der erste Ausrutscher/Sturz nach bisher 5000 gefahrenen Kilometer in weniger als 4 Wochen. Am nächsten Morgen fuhr ich weiter, an den zwei Tankstellen im Ort, gab es kein Benzin. Man verwies mich auf den Highway 3, nur 5km außerhalb, dort gab es zwei Riesen lange Autoschlangen, die alle Tanken wollten. Über eine Stunde habe ich warten müssen, um mein Tank endlich zu füllen, diesmal füllte ich auch meinen Benzinsack mit 10 Litern, mehr habe ich nach großem Palaver mit dem Tankwart nicht bekommen. Nach

315km kurz vor Rio Gallegos, blieb ich wieder liegen, kippte die 10 Liter aus dem Benzinsack in den Tank. Durch den starken Seitenwind und ständigen Verkehr gab es immer wieder luftleeren Raum und einen starken Sog, konnte kaum den Benzinsack und das Motorrad festhalten damit es vom Wind nicht umgeblasen wird.
Aufgrund des Regens und schlechten Wetter zog ich statt Camping ein 4Bett Zimmer im Backpacker vor, wo ich mich für umgerechnet 10,-€ über die Weihnachtstage einquartierte. Es war gut einige Tage zu Ruhen und eine besinnliche Weihnachtsruhepause in behaglicher Atmosphäre und Umgebung mit guten Versorgungsmöglichkeiten einzulegen.
Am 27.12.2010 geht es weiter nach Ushuaia, wo ich die letzten Tage des alten Jahres und beginnenden neuen Jahres verbringen will.
Rio Gallegos und Ushuaia auf der Halbinsel Grande Tierra del Fuego trennen nur 800km. Erholt und gestärkt ging es nach Weihnachten weiter runter über der Routa 3 nach der südlichsten Stadt der Welt, Ushuaia. Die Fährpassage über der Magellanstraße dauerte nur 45 Minuten und verlief ruhig, ein Pistenstück von etwa 150km war auch easy zu befahren. Es gab Benzinprobleme und Streiks, oftmals musste ich drei Tankstellen anfahren, um meinen Tank zu füllen. Der Turtle Pac, ein 20ig Liter rollbarer Benzinsack von der gleichnamigen australischen Firma, ließ ich jedes Mal füllen. Trotzdem blieb ich einmal liegen, als bei sturmartigem Wind, meine Bergziege bei Vollgas nur max. 80km/h fahren konnte und ich nach 180km auf Reserve stellen musste.
Ich stoppte an einem Haus, aber die Bewohner hatten kein Benzin, die nächste Stadt war 70km entfernt. Also stellte ich mich an den Straßenrand mit meinem Benzinsack unterm Arm und hielt den Daumen heraus, um per Anhalter mitgenommen zu werden, nach ca. 45 Minuten und passieren von 30 Fahrzeugen, stoppte **Frank aus Deutschland mit seiner BMW GS 1200, wir kannten uns schon von dem HU-Meeting aus Viedma.** Er wollte Benzin für mich holen, ich machte den Vorschlag, dass ich mich hinter einen LKW klemme und den Windschatten nutzte um spritsparend bis zur 70 km entfernten Tankstelle zu kommen. Dies klappte tatsächlich ohne unterwegs liegen zu bleiben.

Am 28.12.2010 gegen Abend erreichte ich Ushuaia im Regen. Sofort fuhr ich zu dem Nationalpark Tierra del Fuego kam am Campingplatz Rio Pipo an und stellte erstaunt fest, dass dort keine Biker mehr waren, sondern nur einige Franzosen mit Geländefahrzeugen. Der Besitzer sagte, dass dieses Jahr nur wenige Mopedfahrer aus aller Welt hier waren und die letzten am 26.12. abgereist seien. Schöner Mist dachte ich, bist nun am Ende der Welt und keine weiteren Biker hier, egal trotzdem entschloss ich mich dazu, bis zum Jahresanfang 2011 dort zu campen. Am anderen Morgen wurde ich von Ben Wright aus Australien, Brisbane geweckt, ebenfalls KLR 650 E Fahrer. Ben ist in 2,5 Monaten von Los Angeles in Amerika (USA) bis hierhergefahren, um hier vor Silvester da zu sein. Gemeinsam verbrachten wir die Abende am Lagerfeuer und tranken auch das ein und andere Glas Bier und Whiskey gemeinsam. Ben hatte nur wenige Monate Zeit für diesen Trip, als ihm das Geld noch ausging, musste er seine Reise beschleunigen. Südamerika war teurer, als er gedacht hat, für mich ebenfalls, von anderen Reisenden habe ich erfahren, dass es bis 2008 noch sehr günstig war, aber die Rezession hat alles verteuert und die Massen an Touristen, die vorher hier waren, blieben aus. Am 31.12.2010 kamen gegen Abend noch etwa 10 weitere Biker, die es vorzogen in umliegenden Hotels und Gasthäusern zu nächtigen, das Wetter war ab 29.12. 2010 ausgezeichnet gut, sonnig, wenig Wind und verhältnismäßig warme Nächte, kein Grund für mich um im Hotel/Backpacker zu nächtigen. Gemeinsam hielten wir ein Asado (Grillabend) ab, jeder brachte etwas zum Grillen und Trinken mit, eine schöne Runde in der viel geredet, geraucht und getrunken wurde. Am frühen Neujahres Morgen verschwanden alle wieder, Ben und ich blieben noch zwei weitere Nächte. Ich machte mich danach langsam auf dem Weg nach Norden. Puerto Natales, El Calafate, zum Moreno Gletscher und den Nationalpark Torres del Paine, El Chaiten mit dem Fitz ROY Berg Massiv wollte ich mir trotz hohen Eintrittspreisen von teils 20 Euro nicht entgehen lassen. Argentinien und Chile sind weite, große Länder, wo die Entfernungen zu den Sehenswürdigkeiten ähnlich wie Australien beträchtlich sind. Deshalb bin ich schon 17.000km gefahren. Die größte Entfernung ohne Benzinversorgung belief sich auf 380km, Benzin wird in

Südpatagonien subventioniert und kostet weniger als anderswo im Land. In Argentinien etwa 80 Eurocent der Liter und Chile 1 Euro. Die legendäre Routa 40, eine Piste, teilweise schon asphaltiert im Norden des Landes Argentinien und Chile, während im Süden überwiegend Schotterpisten und steinige Abschnitte vorherrschen, die für Enduros keinerlei Probleme darstellen. Der starke Wind ist hier seltener aufgetreten, während auf der gesamten Routa 3, die der Ostküste folgend gen Süden herunter, Orkanartiger Wind herrschte im Dezember.

Die von Radfahrern geprägte Carretera Austral bei O'Higgins, wo Motorradfahrer nicht weiterkommen, ist Schluss. Ich befuhr von den insgesamt 1200 km, 1000km, viel Regen und schlechtes Wetter begleitete mich währenddessen, viele sagen das die **Carretera Austral** das Beste für Mopedfahrer ist, ein Muss. Nicht für mich, genauso wie die **ROUTA 40, es sind beides Pisten, die mal weniger und mehr steinig sind, aber für eine gut gefederte Enduro** keinerlei Probleme darstellen. Die Carretera Austral ist fast windstill, weil sie sich durch Wälder und sehr nahe an den Anden Bergen entlang zieht und der Wind hier hinüber fegt. Ein sehr beeindruckendes Stück Wegstrecke, ist um den See Buenos Aires herum. Mit den Orten Chile Chico, Perito Moreni und über der sehr steinigen Routa 45 nach Puerto Ingeniero Ibanez fuhr ich, um nicht immer auf der regnerischen Carretera Austral zu fahren. **Dann passierte es, auf der wenig befahrenen Route 45!**

Plötzlich hatte ich kein Antrieb mehr, ließ das Motorrad ausrollen, bei etwa 90 km/h ruckte es und der Motor war aus. Meine Antriebskette war am Kettenschloss gerissen und wickelte sich aufgrund des hohen Tempos um das vordere Kettenritzel. Dabei riss ein Aluschutz zum Lichtmaschinengehäuse weg. Die Kette verkeilte, bzw. fraß sich in der Aluschwinge rein. Ich hatte keine Chance die Kette selber zu lösen, mein Bordwerkzeug war nicht ausreichend, um die Antriebsmutter der Schwingenachse zu lösen, um die Kette freizubekommen. Ich war schon zu leichtsinnig geworden, vertraute darauf das nie etwas passiert, nun wurde ich eines Besseren belehrt. Nur 1Liter Trinkwasser mit mir und 60km von Moreto Moreni entfernt. Kein Wasserlauf, wo ich mit meinem

Katadynfilter hätte Trinkwasser gewinnen können, zudem keine Farm im Umkreis von 20km und dazu starker Wind. Ich bereite mich langsam auf eine Nacht im Outback vor, dann kam aus dem nichts ein 4 WD von der Foresty (Forstwirtschaft) Institution herangefahren. Durch Handzeichen gab ich zu verstehen, dass ich Hilfe brauche, prompt stoppte dieser auch. Mit deren spärlichem Werkzeug konnten wir die Kette auch nicht frei gängig machen, deren Entschluss stand fest. Die Bergziege nun diagonal zu dritt auf die viel zu kleine Pritsche hinauf zu Heben und mich zurück nach Moreto Moreni zu bringen, um eine Werkstatt zu finden. Die, die 27iger Ritzel Mutter lösen konnte, was sich als schwierig erwies, weil sie ein wenig fest gerostet war. Mit einem Zwei Zangenabzieher, wurde die Kette dann von der Getriebeausgangswelle gezogen. Ein neues Kettenschloss sowie vorderes Ritzel führte ich als Ersatz mit und tauschte beides wegen Verschleiß aus. Am anderen Tag fuhr ich mit gemäßigtem Tempo über die Routa 45 weiter, mein GPS zeigte mir eine kürzere Route nach der Carretera Austral zurück, allerdings verlief diese ins Leere. Die Grenzstation war schon seit Jahren verlassen und außer Betrieb, sodass ich etwa 80 km retour musste, um nach Puerto Ingeniero Ibanez zu kommen. Wahnsinnige Aussichten auf den See Buenos Aires sah ich auf dieser Strecke, auf der in den Berg geschlagenen Piste. Zurück auf der Carretera Austral, ging es auf Asphalt nach Coihaique, wo ich einige Tage ausruhte, um mich von den Strapazen der letzten Tage zu erholen. Auf meinen Spaziergang durch Cohaique traf ich auf die beiden Hamburger Biker **www.wir-in-südamerika.net**. Wir trafen uns abends zum Essen und redeten über unsere Reise, diese haben leider nur drei Monate Zeit für ihren Südamerika auftritt. Nach gemeinsamen Schrauben in einer Autowerkstatt, an der F650GS Gabel, trennten sich nach zwei Tagen unsere Wege. Beide waren Werkzeug mäßig wie eine mobile Werkstatt ausgerüstet und hatten mehr Werkzeug mit wie Phillipe mit seinem Seitenwagen HU Gespann. Ich folgte weiterhin der Carretera Austral, über Puerto Aisen, Poyuguapi, Chaiten und Caleta Gonzalo, ging es durch langsam langweilig werdende Landschaft, weil es sich häuft und alles ähnlich aussieht. Drei Tage musste ich auf die Fähre nach Hornopiren warten, man verkaufte mir in Chaiten kein Ticket, weder nach Chiloe, noch nach Quellon oder Castro. Immer seien die Fähren voll hieß es. Ich zog es vor, einfach zum Fährhafen zu fahren und auf die Fähre zu warten. Für Motorräder gibt es immer Platz, wie sich schon mehrfach herausstellte. Die Überfahrt war einigermaßen ruhig, in Hornopiren hat es stark geregnet, sodass ich ein Hospedaje, billiges Gasthaus vorzog. Am nächsten Tag war ich in Puerto Montt und blieb wegen extremen Regenwetter 5 Tage dort. Machte mich dann auf dem Weg nach Chiloe, eine Halbinsel, die im 1800 Jahrhundert von Europäern besiedelt wurde, traumhaftes Wetter begleitete mich die komplette Woche. Von Quellon der südlichsten Stadt, wollte ich mit der Fähre nach Chaiten herüber, wieder verkaufte man mir kein Ticket. Ich soll am 11.2. um 20Uhr am Ticketoffice sein, als ich dort ankam, war es verschlossen. Ein Passant auf der Straße, brachte mich zu einem anderen Gebäude und dort rief man per Telefon einen englischsprechenden Angestellten, der mir dann mitteilte, dass die Fähre schon abgelegt hat und voll sei. Ich sagte, das kann nicht sein, ich habe hier keine Fähre gesehen, da ich schon seit Stunden hier warte. Man teilte mir mit, dass die Fähre etwa 5 km weiter in einem tieferen Hafenbecken geladen wurde und wegen Niedrigwasser nicht hierhin kommen kann, diese liege noch 8 Stunden bis zum Hochwasser zur Weiterfahrt nach Chaiten dort bereit. „Schöne Scheiße" sagte ich auf Englisch, wohl wissend das der Angestellte mich verstand, dann teilte ich ihm meine Erfahrungen mit all den Fähren in Chile mit. Daraufhin telefonierte er und sagte es gibt einen Weg mich auf die wartende Fähre zu bringen. Ich müsste allerdings 10.000 Chil. Peso, etwa 17 Eumel einem Fischerboot zahlen, damit die mich herüberbringen, um dann mit dem Kran der Fähre an Bord gehievt zu werden. Gesagt getan, alles dauerte zwei Stunden und ich war an Bord der Fähre, dort sah ich sofort die BMW 1200 GS von dem deutschen Frank, den ich auf dem HU-Meeting in Viedma kennenlernte. Der mir zuvor auch schon Benzinbegleitschutz gab. Der Kapitän machte Ärger, wie ich ohne Ticket auf die Fähre käme, nach erklären und einem Telefonat seinerseits, war alles klar. Ich bekam sogar eine Freifahrt und musste keine 33.500 Chil. Peso, etwa 50ig Eumel zahlen. Eine Entschädigung für all das Fährtickettheater in den letzten Monaten, fand ich als gerechten Ausgleich, etwas Glück muss ich ja auch mal haben. Frank hatte ne Pulle roten mit, den wir genüsslich im Alkohol verbotenen Bereich heimlich süppelten, Prost. In Chaiten angelangt, regnete es wieder, allerdings nur ne Kaffeetasse lang, dann zogen wir gemeinsam weiter, um den leider unspektakulären Futaleufu Pass nach Argentinien hinüberzufahren. In Trevelin trennten sich am anderen Tag unsere Wege. Ich wollte nördlich hoch nach El Bolson und Frank die Careterra Austral südlich runter. In El Bolson nahm ich mit einem Biker Kontakt auf, der in sechzehn Jahren um die Welt fuhr und dort sesshaft geworden ist, samt Familie. Ich las mal darüber, dass er dort eine Werkstatt für Reisende eingerichtet hat, um Fahrzeuge fit zu machen, bzw. um kleinere Arbeiten auszuführen, aber ohne vorherige Terminabsprache und Einladung war da nichts zu machen. Wollte eh nur ein wenig schnacken unter Langzeitreisenden mit Auslandsarbeitseinsätzen und Ölwechsel machen, was ich dann in der City bei einem Hinterhofschrauber erledigte. Bariloche, nördlich El Bolson, dort nahe dem LAO LAO Ressort im Nationalpark Nahuel Huapi, habe ich einige Tage gezeltet, ruhig und weniger stark besucht wie die hektische Stadt mit nicht begrüntem Ruhestreifen für Passanten an der Seeflanke. Osorno mit dem gleichnamigen und schneebedeckten Vulkan fuhr ich auf 1300m hoch und umrundete diesen ebenfalls by bike. Valdivia, Panguinpulli, Villarica, Pucon besuchte ich ebenfalls, genauso wie die Route der 7 Seen in Argentinien im Umfeld von San Martin de Los Andes, Pichi Traful, Traful, Junin de Los Andes. Auf chilenischer Seite gibt es die Route der 7 verlorenen Seen, die sich ebenfalls durch bergiges Seengebiet schlängelt, alles auf einfach zu befahrenden Pisten, Gravelroads, bzw. Ripio wie man diese hier nennt. Von Phillipe bekam ich eine E-Mail, dass er einen Crash hatte und nun einige Tage in Zapala, Argentinien sei, um dort sein HU-GESPANN zu reparieren. Da ich nur 150 Km entfernt war, entschloss ich einen Biker und Reisegefährten, mit dem ich zuvor schon gereist bin, nicht hängen zu lassen. Einige Tage verbrachten wir in Zapala, das Krad wurde fahrbereit gemacht und gemeinsam beschlossen wir einige Strecken zusammen zu befahren, Temuco in Chile war eine weitere Anlaufstelle, hier lernten wir durch

Zufall den alteingesessenen Biker Eduardo kennen, der hier eine KFZ-Werkstatt betreibt und Bikern gegenüber hilfsbereit ist. Weitere kleinere Arbeiten wurden an dem Gespann ausgeführt. An meiner KLR Hinterfelge zeigten sich kleine Haarrisse, die langsam weiter Reißen, teils an beiden Seiten des Speichen-/Nippelloches sind Haarrisse, meine Erkundung nach Ersatz in Südamerika verlief erfolglos, auch Martina von der „VILLA Kunterbunt" brachte keine Hilfe, alles wird aus den USA eingeführt und ist dementsprechend teuer.600,- US Dollar sollte eine neue Felge kosten, dann kommt noch Transport usw., dazu. Zuviel für mich, über Ebay in Deutschland ersteigerte ich eine alte Kawasaki Tengai Felge aus den 90iger Jahren und fand durch Zufall auf dem Weg über den Pass Pehuenche, einen chilenischen Biker, der für zwei Wochen in Düsseldorf beruflich zu tun hat und anbot, mir diese mitzubringen nach Santiago de Chile.
Per Post wies ich den Versand nach Wolfgang Schiedeck, einem alten Espelkamper BIKERKUMPEL an.
Wolfgang hat das Hinterrad zerlegt und einige Speichen, samt dem Alufelgenring nach Düsseldorf versendet.
„Wolfgang, ist 2016 verstorben, er fährt weiterhin im Bikerhimmel unter uns".
Am 4.4.2011 soll die Felge laut Javier Iglesis in Santiago bereitstehen, nur ich werde dann noch nicht dort sein. Weil ich mit Phillipe noch ein paar Pisten und abgelegene Strecke um Vulkane fahren möchte. Zudem hält mich Phillipe fest, weil er notoperiert werden musste aufgrund einer Blindarmentzündung, wie sich in Mallarguee, etwa 600km südlich Mendoza in Argentinien herausstellte. Nachdem wir extrem beeindruckende Landschaften durchfuhren und knapp zwei Wochen außerhalb der Zivilisation verbrachten, rund um den Vulkan Domuyo, einige Pisten waren steil und mit Geröllfeldern bestückt. Ich konnte oft nur an flachen Teilabschnitten stehen bleiben, um meine Kupplung zu schonen, mit der vollbeladenen Bergziege dort anzufahren hätte der Kupplung geschadet, aber beide haben wir es geschafft. Nur zweimal musste ich Phillipe ein wenig anschiebe Hilfe bergauf bei Geröllstücken helfen. Das Gespann hat sich wacker geschlagen, ebenso die Bergziege die kurz vor

dem Limit war, bei den steilen Auffahrten und losem Untergrund. Viele Wasserdurchfahrten brachten Abwechselung und Spaß bei der Tour, sowie das mehrfache Asado und Selbstverpflegen bei Lagerfeuer. Mein seit 1999 treuer Cooleman Benzinkocher Typ 442 machte Probleme, er brennt nicht mehr. Die Benzindüse spritzt nur einmal Benzin ein und zündet, dann brennt es ab und nichts weiter.
Phillipe sein „snow peak" Benzinkocher kam fast immer zum Einsatz. Nachdem ich in Malargue Waschbenzin, also gereinigtes Benzin im einem Farbstoffhandel gekauft habe und dieses damit versuchte brennt er wieder. Nun fahre ich zudem immer 1Liter gereinigtes Benzin durch die Gegend, um zu gewährleisten das mein Benzinkocher funktioniert. Ich schließe das auf verunreinigtes Benzin zurück, bzw. zu viel Farbstoffe darin, die meine Düse verstopfen. Dies ist ein kleiner Einblick aus dem Leben als Langzeitreisender von den letzten 4 Monaten, inzwischen bin ich hier 25.000 km gefahren. Meine Reifen und Kettensatz muss baldigst ausgetauscht werden, Ersatz liegt in Valparaiso bereit. Teile die ich schon von Neuseeland aus mitgebracht habe. Dies wird mit dem Felgen Umbau ausgetauscht, sowie eine Ventilinspektion beim Kawasaki Dealer in Santiago, dann geht es weiter nördlich Richtung der Atacama Wüste, wo es hoffentlich angenehmere Tagestemperaturen gibt. Auch will ich einen Freund aus alten Tagen in Arica, besuchen, Frank Richter, sein Vater hat ein Feinkostvertrieb in Stemwede-Levern aufgebaut.
Mein Eindruck zu den Menschen hier ist folgender, ich war in den letzten Monaten in der Haupturlaubszeit unterwegs, alles ist sehr überfüllt und die Eintrittspreise bei den Sehenswürdigkeiten steigen. Ausländer zahlen grundsätzlich mehr als Einheimische. Jeder ist sich selbst der nächste, Leute reisen um zwei Uhr morgens auf den Campingplätzen an, starten dann noch eine Kochsession und sind sehr laut. Rücksicht auf den Nachbarzelten gibt es nicht. Mehrmals habe ich mich beschwert und auch die Rezeption wach geklopft um auf den geräuschvollen Nachbarn hingewiesen. Müll wird oftmals in der Natur, Landschaft zurückgelassen. Asado, jeder grillt sein Essen, dementsprechend verräuchert sind einige Campingplätze, der Rauch zieht überall hin, unangenehm, wenn man in

solch eine Wolke sein Zelt stehen hat. Die sanitären Anlagen, naja, speziell bei den staatlichen CP-Municipal, pfui Teufel. Vieles ist runtergekommen und wird nicht repariert, obwohl reichlich Einnahmen vorhanden sind. Kinder grundsätzlich laut und nörgelnd bekommen ihren Willen bei den Eltern immer durchgesetzt. Hunde sind teils aggressiv in den größeren Städten und wollen Biker vom Bock holen. Überwiegend wird nur gebellt, ein wenig mitgelaufen und gut ist. Die Menschen sind hilfsbereit, aber trotzdem habe ich das Gefühl abgezockt zu werden. Frage ich nach dem Preis, was es kostet, wenn ich selbst Hand anlege, um z.B. Öl zu wechseln, sagt man wenig und dann präsentiert man mir die Rechnung über 20 Euro und ich sage, dass ich doch fast alleine daran gearbeitet habe und Material mitgebracht hatte. Deshalb finde ich es manchmal überteuert. Mein spanisch ist bisher noch schlecht, komme mit den alltäglichen Sachen zurecht, kann aber nicht mit Leuten kommunizieren, englisch spricht hier nur die Minderheit. Einheimische Reisen auch mit ihren kleinen 125-250ccm Motorrädern umher, meist jüngere Leute, die Jugend ist sehr interessiert daran. Diejenigen, die größere Bikes besitzen sind besser betucht und haben studiert, sprechen meist auch englisch. Die Kosten sind in Argentinien ein wenig niedriger als in Chile, Camping ist und bleibt die günstigere Variante, aber die Nächte werden schon kühl und Dunkelheit ist ab 19.30, Tageslicht etwa 7.30 in der Früh vorhanden. Ostern steht vor der Tür und Ferien, dann ist wieder alles überfüllt. Ich hoffe nicht so wie im Sommer, um doch noch einige ruhige Plätze zu finden.2 Stürze, 1 defekte Batterie, ein undichter Wasserkühler, sind das Ergebnis einer mehrere Wochen dauernden Fahrt auf dem Altiplano-Hochplateau (4-5500m) von Chile und Bolivien.

Vorab, der Spruch vieler anderer Reisenden mit dem Motorrad in Bolivien zur Laguna Colorado und zum Rocktree, Steinbaum zu gelangen, dass schaffst du nie, mit einem vollbeladenen MOTORRAD, dann noch ohne Einspritzer, knietiefer Sand, tiefe Spuren, undefinierbare Strecken, sind alles Blödsinn, ich habe es geschafft.

Es ist alles nichts gegen Afrika, denn der Sand dort ist nicht tragfähig. Diese Motorradfahrer sollten einmal in Afrika in der Tenere Wüste etc.

umherfahren, dann wissen sie, was ich meine, das ist mit einem voll beladenen Moped nicht zu schaffen. Ich bin die Bolivien Strecke mit drei weiteren Motorradfahrern, darunter eine unerfahrene Frau gefahren sowie einem Gespannfahrer, wir alle hatten damit keine besonderen Schwierigkeiten, natürlich rutschte/stürzte der ein oder andere, (ich zweimal) aber wir hatten teils noch mit verschneiten Spuren zu tun, da es kurz zuvor einen Wintereinbruch gegeben hatte, der unseren Streckenverlauf, nach 5 Tagen warten in San Pedro de Atacama, Chile völlig umschmiss. Am 16.6.2011 verabredeten wir uns, 4 Motorradfahrer, um gemeinsam von Calama aus nach San Pedro de Atacama, Chile nach Bolivien einzureisen, zwei Tage später auf unserer Fahrt gab es einen unverhofften Wintereinbruch, für diese Jahreszeit ungewöhnlich, so mal wir in der trockensten Wüste der Welt wollten, das Atacama Dessert. Der Pass nach Argentinien und Bolivien war für 2 Wochen gesperrt, hunderte von LKWs sammelten sich in San Pedro de Atacama, am Zollbereich. Ich fuhr zweimal den Pass soweit machbar hinauf wie möglich, stellte dann fest das zu viel Schnee lag und keine Räummaschinen in Richtung Bolivien unterwegs waren. Mein Entschluss stand fest, nach Ollague, Chile zu fahren und weiter nördlich nach Bolivien hinüberzufahren, dieser Pass sollte geöffnet sein hieß es. Susan aus Australien, Kurt aus der Schweiz, Phillipe aus Österreich schlossen sich an, gemeinsam ging es nach Bolivien. In Ollague auf knapp 4000m Höhe nächtigten wir in einem Hospedaje (Hostal), am nächsten Tag ging es fast immer auf Höhenlagen von 4-5000m auf dem Altiplano weiter Richtung Laguna Colorado, die Luft ist dünn und die nächtlichen Temperaturen lagen bei etwa 10-15 Grad minus. Unterkunft findet man an den Lagunen, zelten brauchten wir nur einmal, am Rocktree, Steinbaum, wo unzählige 4WD Tourguppen am Nachmittag Station einlegten, aber nach einer halben Stunde wieder verschwinden. Die Motorräder sprangen meist ohne Starthilfe am nächsten Morgen an, meinen Luftfilter musste ich oftmals nach 200km Piste reinigen, weil er mit einer 2mm dicken Staubschicht versehen war. Die Strecke zu den Lagunen und Rocktree war einfach zu finden, durch die vielen 4 WD-Touren haben sich unzählige Routen gebildet, alle führen zum selben Ziel. Susan, eine Australierin mit einer 200ccm Enduro, die gerade erst 3 Monate auf dem Motorrad sitzt hatte ihre Probleme, nachdem Phillipe ihre Gepäckrollen auf seinem Gespann transportierte, klappte es besser, zur Sicherheit und als Aufhebehilfe, fuhr immer jemand von uns hinter ihr her. An der roten Lagune Colorado angelangt, entschied ich mich, wegen schlaflosen Nächten, verfrüht Richtung dem Salzsee Uyuni zu fahren, die anderen wollten 50km südlich nach einer Thermalquelle runter, ich musste unterhalb 4000m kommen, dann geht es mir besser, so mal ich Asthmatiker bin und nur 70% meiner Lungenleistung zur Verfügung habe. Von der Laguna Colorado nach Villa Mar sind es nur 100km, darauf folgt ein etwa 60km sandiges Stück nach Villa Alota, mit vertieften 4WD Spuren, aber auch mit einer vollbepackten KLR 650 ohne Sturz befahrbar. Die letzte von zwei Flussquerungen hatte es in sich, da die Brücken noch in Bau sind und man sich eine flache Überquerungsstelle suchen musste, ich fand nur eine schmale Steinbrücke für Fußgänger, aber es klappte. Noch weitere 2 km über eine Nebenstrecke, weil die Hauptpiste wegen Bauarbeiten gesperrt war, kurz vor dem dunkel werden war ich in Alota.

Eine Unterkunft habe ich nur mit Schwierigkeiten gefunden, alle Restaurants waren geschlossen, weil es Sonntagabend war, somit holte ich meinen Benzinkocher raus und köchelte selber vor mir hin. Am nächsten Morgen ging es weiter über San Cristobal, wo es Benzin gab, nach Uyuni. Dort angelangt suchte ich mir gleich eine Unterkunft, Kurt kam kurz nach mir an und hinterließ eine Nachricht für mich, ich war erstaunt das er schon hier war. Wie sich herausstellte hatte er die Schnauze voll und fuhr den anderen davon, wir sollten uns alle hier in Uyuni wieder treffen. Susan kam am anderen Nachmittag angefahren, sie hat mit Phillipe 40km außerhalb gezeltet, weil er kurz vor Dunkelheit einen Plattfuß am Antriebsrad hatte. Susan organisierte einen LKW, Kurt und ich fuhren mit unseren Motorrädern mit, um notfalls das Gespann auf dem LKW hinaufzuheben, mit mehreren Leuten. Zuerst fuhren wir 15 km in die falsche Richtung, habe mich auf mein GPS verlassen, sorry, die Höhe. Dann hatte Susan Probleme den Buschcamp Zeltplatz wo Phillipe wartete wieder zu finden, nach längerem

hin- und herfahren fanden wir Phillipe in seinem Zelt.
Nicht wartend am Straßenrand und vorbereitend seine Ausrüstung zusammenpackend, obwohl er wusste, dass Abschlepphilfe unterwegs war, grrrrhhhhhhhhhhhh.
In Windeseile fuhr Phillipe mit Schiebehilfe sein Gespann an einer provisorischen Rampe mit zwei Bohlen heran und anschließend auf dem LKW hinauf.
Ich machte Druck, weil die Dunkelheit bevorstand und ich nicht im Dunkeln 50km Piste, dazu bei Eiseskälte zurückfahren wollte. Natürlich kam die Dunkelheit und ich fuhr 40km im finsteren zurück, was ich nicht gerne tat. So mal meine Batterie platt war, das heißt Motor aus, anschieben. Alles ging gut, Phillipe reparierte sein Plattfuß und ich suchte eine neue Batterie, die sich nach einiger Zeit auch fand, eine anschließende Fahrt zum Salzsee Uyuni zeigte, dass dieser im vorderen Bereich, von Colchani aus mit Wasser überdeckt ist. Dies teilte ich den anderen mit und der Entschluss eine 4WD Tour zu buchen auf dem Salar de Uyuni stand fest. Wir wollten unsere Motorräder durch das extrem salzhaltige Wasser nicht schädigen, die Tour mit dem 4WD war gut, und billig (18,-Euro, pro P.) aber nach einer gewissen Zeit wird es langweilig, schon beeindruckend das es solch eine riesige Salzseefläche gibt, 190km lang und 130km breit, im vorderen Bereich bei Colchani wird von den Bewohnern die oberste Schicht, 2 cm Salz abgetragen und zu Salz für den menschlichen Gebrauch verarbeitet, das darunterliegende wird für den Tierverzehr und Industriellen Bedarf verwendet.
In der Mitte gibt es eine Insel namens Incahuari, die mit riesigen Kakteen und Felsen überwuchert ist, dort legten wir eine Pause ein und genossen ein simples Essen, anschließend machten wir einige Fotos auf dem Salar mit witzigen Positionen und Figuren. Dann ging es wieder zurück nach Uyuni, dort stellte ich am Hostal fest, dass Kinder mit einem Überbrückungskabel herumgespielt haben und es zwischen Phillipe und mein Moped vertüddelt haben, ich bin sicher, dass diese mit einem Stück Bambusholz in meinem Kühler herumgestochert haben und dieses Loch entstanden ist, denn auf dem Boden lag ein Stück aufgesplitteter Bambusstab. Eine Reparatur war nicht möglich hieß es, wenn man das hart lötet, kommt ein

Riesenloch rein, zu filigran waren die Lamellen. Man verwies mich in ein Autozubehör Shop, gab mir ein Aluminiumoxidpulver, welches in den Wasserkreislauf geschüttet werden sollte, nach zweimaliger Anwendung war der Kühler dicht, damit kam ich noch bis in die USA. Am anderen Morgen brachen wir gemeinsam nach Potosi auf. In Potosi auf 4070 m Höhe angelangt, wieder kurz vor der Dunkelheit, fanden wir die ausgemachte Unterkunft, Phillipe kam im Dunkeln an, musste wieder Reifenpilot in seinem Hinterrad einsprühen, weil er einen schleichenden Plattfuß hatte. Die Nacht blieb schlaflos für mich, ich entschied mich gegen die gebuchte Silberminentour und wollte runter auf niedriger Höhe, nach Sucre. Dort angelangt traf ich Frank mit seiner 1200 GS wieder, wir kannten einander schon vom HU-Treffen in Viedma, Argentinien. Hier waren noch weitere Biker aus Dänemark, mit neuen Teneres (660) und ein deutsches Paar mit KTM'S aus Bayern, Elisabeth und Rupert, schon 2 Jahre unterwegs. Tags darauf kamen noch Susan, Kurt und Phillipe, ein kleines Bikermeeting im Hinterhof unseres Hostal Pachamama in Sucre, 9 Bikes, nett unter Gleichgesinnten zu sein. Hier trennen sich die Wege aller Anwesenden, mich zieht es weiter nach Santa Cruz, dann nach Brasilien.

Besuch eines alten Motorradclubs, Kumpels in Arica, Nordchile:
Frank Richter, damals Yamaha TDM 800 Fahrer, heute Harley Davidson, mit Tendenz zu BMW 1200 GS, ich habe eine Einladung bekommen ihn zu besuchen, von meiner Heimatzeitung, die Neue Westfälische Zeitung. Sein Vater, H. Richter wurde über meine Zeitungsartikel und der Reise Aufmerksam. Die Rila-Feinkostwerke aus Levern, Frank, einer der beiden Söhne führt ein Zweigwerk in Arica, diesen besuchte ich Anfang Juni, beide waren wir uns ein wenig fremd, weil es schon zwanzig Jahre her ist das man sich sah, aber nach dem Erzählen und Gerede über alte Zeiten, kamen die Erinnerungen wieder.
Ich war nur kurzzeitig Mitglied im Club, viele Namen und Mitglieder wie Wolfgang Schiedeck waren in den Gedanken hängen geblieben, es war eine schöne Zeit, bei Frank und seiner Familie für einige Tage unterzukommen, recht herzlichen Dank für die Verköstigung, Firmenführung und Einladungen bei Freunden, sowie unsere kleine Motorradrundfahrt. Nächstes Jahr

auf dem Weg Richtung Norden komme ich wieder vorbei und spreche hoffentlich spanisch, so dass ich mich mit deiner Frau und den anderen unterhalten kann. Auf den großen Höhenlagen macht auch ein normales Vergaser Motorrad keine Probleme mit dem Fahren. Sicherlich ist der Motorenölverbrauch und Benzinverbrauch um einiges höher als bei Einspritzer Modellen, ich stellte ab 3800m fest, dass meine Bergziege nicht im Standgas laufen wollte, der Motor starb ab, ich drehte einfach das Standgas höher, so dass sie auf etwa 1300U/min lief, das war es. Es gab der großen Kälte wegen, morgens Startprobleme, so dass ich mehrmals Starthilfe von Phillipe seinem Gespann brauchte, er hat dort eine Autobatterie eingebaut. Aber selbst er hatte an den El Tatio Geysiren eines morgens Probleme das Bike zu starten. Wenn die Sonne höher stand, etwa ab 9-10 Uhr klappte es immer einwandfrei mit dem Anspringen der Motoren. Ich stellte fest, dass wenn ich 20W50 Öl im Motor hatte, dieses zäher war, der Kälte wegen, mit 10W 40 sprang der Motor besser an, (morgens). Verbrauchte aber auch mehr Motorenöl auf der Höhe. Größtes Problem mit der Bergziege war der Luftfilter, diesen musste ich manchmal täglich säubern, weil dieser extrem mit Staub versetzt war und der Motor keine Luft bekam zum Verbrennen. Ansonsten gab es noch die Möglichkeit, den Luftfilterkasten Deckel zu öffnen, damit mehr Luft zum Luftfilter kam, somit konnte man auch auf 4700m Höhe bergauf mit 60km/h fahren, ich stellte aber fest, dass am nächsten Morgen das Motorrad nur sehr schwerfällig starten wollte, beließ es also nur bei diesem eine mal. Mir ging es bedeutend schlechter auf der Höhe als dem Krad, ich konnte nicht schlafen, wälzte mich dauernd im Schlafsack und bekam kein Auge zu, ich fühlte mich besser, wenn ich stand, sobald ich in die Waagerechte lag, hatte ich Atemprobleme, auch das Gefühl ich habe Wasser in der Lunge. Beim Husten merkte ich es, ein Geräusch wie beim Asthma, keine Kopfschmerzen oder sonst was, nur beim morgendlichen Aufstehen, beim Bücken oder Überbeugen des Oberkörpers, hatte ich sehr oft das Gefühl ich müsste mich erbrechen. Ich habe Asthma und nur 75 % meiner Lungenleistung zur Verfügung, bin deshalb vermutlich vorbelastet und zog es immer vor, schnell wieder unterhalb der 4000m Grenze zu kommen, weil es mir dort einfach besser ging.

Wenn man mit 4 Motorradfahrern unterwegs ist, kommt vieles anders als geplant, es hat Spaß gemacht, aber es gibt immer irgendwelche Situationen die den Tag nie enden lassen. Morgens kommt man zu spät los und abends fast immer in die Dunkelheit hinein, was ich persönlich äußert nicht gerne tue. Bolivien ist von den bisherigen Reiseländern in Südamerika das günstigste. Essen Unterkünfte und Benzin sind bei weitem billiger als in Argentinien und Chile, dass das teuerste Reiseland bisher ist. Ich bin nun auf dem Weg nach Brasilien, um anschließend ein paar Freunde aus Espelkamp, die in den 90igern nach Paraguay ausgewandert sind zu besuchen und dort ein wenig zu Arbeiten.

Meinen 50igsten Geburtstag werde ich in Pantanal, Nationalpark, Brasilien, mit der Einheimischen Vogelwelt feiern und verbringen. Das sechste Reisejahr ist fast beendet, mehr als 200.000km liegen hinter mir und ich bin selber gespannt, was mich noch alles erwarten wird in dieser fantastischen riesigen Welt, die ein Ende hat.

Bolivien-Brasilien-Paraguay

Viel ist passiert in den letzten Monaten meiner Reise durch Südamerika. Eins steht aber fest, ich werde nun ein wenig schneller vorwärts Reisen, denn am 15.2.2012 habe ich die www.Stahlratte.de gebucht, die mich samt „Frieda" der Bergziege von Cartagena, Kolumbien nach Panama bringt. Innerhalb von 4 Tagen geht es ein wenig durch hoffentlich ruhige Gefilde. Ein erster gelungener Raubüberfall (13.11.2011) gegen mich musste ich in Cochabamba, Bolivien erfahren, verloren habe ich dabei etwa 130 USD und meine Canon G 11 Digitalkamera, sowie alle Fotos von Paraguay bis nach Bolivien. „Mister 5 Bolivanos" sprach mich jemand an, ich entgegnete, „no Monedas", aufgrund des Einsatzes von einer zweiten Person mit langem Messer, wurde mehrfach versucht in meine Bauchgegend zu stechen. Ich trat den einen links von mir mit dem Bein weg, als er versuchte mich zum Fallen zu bringen. Der andere kam mit dem Messer sofort auf mich zu und versuchte, in meinen Bauch zu stechen. Zweimal wich ich den Stichen aus, konnte mich nur mit den Beinen wehren aus Angst, Schnitte oder Stiche an den Armen zu bekommen, während der zweite immer versuchte, mir den Rucksack zu entreißen. Dann merkte ich, dass ich keine Chance hatte, ohne Verletzungen davon zu kommen. Ich ließ daraufhin den Rucksack los, der andere leerte diese, nahm aus der Geldbörse nur die Scheine raus, warf diese dann auf den Boden, es interessierte nur Bargeld, nahm die Kamera steckte diese im Rucksack und genauso schnell wie sie auftauchten, verschwanden beide wieder. Ich sammelte meine restlichen Habseligkeiten auf und ging den Berg wieder hinunter. Unten begegnete ich zwei Militärangehörige, denen versuchte ich zu schildern was geschehen war. Sie wollten wissen welche Kleidung die an hatten, ich zeigte auf deren, genau wie ihr, „verde" sagte ich, was grün heißt. Sofort liefen sie den Berg hinauf. Keine Ahnung was daraus wurde. Ich machte auf dem Rückweg zur Unterkunft eine Anzeige bei der Touristen Polizei. Habe mit Hilfe des Hotelangestellten auf dem Schwarzmarkt Basar versucht meine Kamera evtl. zurückzukaufen, aber nix dergleichen war käuflich zweite Hand zu erwerben.
Das schlimme daran, es waren zwei Leute die genauso wie die

Touristenpolizei gekleidet waren. Ich fühlte mich sicher, als ich diese dort oben sah, aber dann wendete sich alles schnell zum Bösen. Von nun an bin ich vorsichtiger und gewappnet. In Peru, Arequipa habe ich mir einen metallenen Teleskop-Schlagstock besorgt, den ich von nun an bei mir trage. Ruckzuck ist dieser mit einer Handbewegung von etwa 15 cm auf 45cm ausgefahren und somit kann ich mich gegen einer Messerbedrohung wehren. Eine neue einfache Canon Digitalkamera habe ich dort auch gekauft, um weiterhin Fotos machen zu können.

Das nur zur Info vorab, auch ein Kerl wie ich, wie ein Baum muss abwägen, wann man aufgibt. Hätte ich mehr Geld bei mir gehabt, wäre es auf jeden Fall zum Kampf und wahrscheinlich zu Verletzungen und einem Krankenhausaufenthalt gekommen.

Nun aber zu meinem weiteren Reiseverlauf vom Juli, wo ich Bolivien über Santa Cruz in Richtung Pantanal Nationalpark-Süd nach Brasilien verlassen habe um dort eine Freundin, Traute-Rose zu treffen, die ich 2007 zuvor in Australien, Darwin kennengelernt habe und wir seitdem, regen E-Mail-Kontakt halten. Traute Rose, in meinem Alter, wird sogar eine kurze Zeit mit mir auf der Bergziege gemeinsam Reisen. Salvador de Bahia, an der brasilianischen Küste 2000km nördlich von Sao Paulo sollte Traute-Rose am 7.8.2011 landen. Ich musste also pünktlich dort sein, und an der breitesten Stelle von Südamerika quer durch Brasilien Reisen, über 5000km trennten mich von diesem Ort.

Ich durchfuhr Gegenden wo auf hunderte von Kilometern nur Baumwolle angebaut wurde. Brasillia die Regierungshauptstadt zog mich in ihren Bann. Alles war gepflegt und sauber und es herrschte ein geordnetes Verkehrssystem ohne Chaos. Ansonsten ging es unspektakulär tagtäglich etwa 400-600km vorwärts, Richtung Osten.

Ich war zwei Wochen zuvor dort, musste einiges am Motorrad, der Bergziege austauschen und reparieren.

Eine BMW sowie Kawasaki Werkstatt konnte ich kostenlos nutzen, um Öl zu wechseln, sowie Bremsbeläge und die Steuerkette auszutauschen, was eine größere Operation gleicht, weil man Spezialwerkzeug braucht. Die Steuerkette habe ich durch Phillipe einem Gespannfahrer mit dem ich in

Südamerika mehrfach unterwegs war zu verdanken, er brachte mir diese von einem zweiwöchigen Europa Aufenthalt mit hierher, die ich zuvor über Ebay bestellte und direkt nach ihm in Österreich senden ließ.
Alles klappte Reibungslos, man war sogar überrascht das ein Weltreisender Biker alles selber machen kann, damit haben die Mechaniker nicht gerechnet, weil andere Reisende alles machen lassen, vermutlich haben diese mehr Geld als ich zur Verfügung sagte ich darauf. Brasilien ist teuer zum Reisen, Benzin kostet etwa 1,40 Euro der Liter, wobei man hier auch Methanol, Alkohol, Kerosin an den Tankstellen kaufen konnte, ich tankte immer Gasolina Commun, was auch die Einheimischen Biker tankten, damit konnte ich nichts falsch machen dachte ich.
Unterkunftspreise liegen ab 20 Eumel das Zimmer aufwärts, einfaches Essen etwa 8 Euro, Brasilien geht ins Geld, bei meinen 2 Monat Aufenthalt gab ich genauso viel Geld aus wie in 5 Monaten Chile und Bolivien zusammen. Als Traute-Rose einflog, war alles bereit.
Das „Moped" für zwei Personenbetrieb umgerüstet, sowie eine ruhige Unterkunft für die ersten gemeinsamen Tage zum Relaxen, Wiederkennenlernen und Abschalten gefunden.
Wir hatten das Gefühl, als ob wir uns erst gestern das letzte Mal gesehen haben, obwohl vier Jahre vergangen waren.
„Frieda" die Bergziege wurde gesattelt, zuerst fuhren wir in den „Chapatia Diamantina Nationalpark", wo es einen Canyon gibt und viele Flüsse wo wir ein wenig wanderten, zudem den Besuch einer riesigen Höhle unternahmen.
Unterwegs kamen wir in ein kleines Dorf, wo Pferde gesegnet wurden, nach über 2500km sind wir nach knapp drei Wochen wieder an der Küste von Salvador de Bahia zurück. Blieben dort noch wenige Tage in Bahia de Forte, wo es ein Schildkrötenaufzucht Projekt gab und gelangten dann wieder in unserer ersten Unterkunft der „Pousada de Bougainville" an.
Hier verblieben wir den Rest von Traute-Rose Urlaub und fuhren ein wenig im Umfeld herum. Suchten ruhige Strände auf und relaxten beim Baden und Sonnen.
Der Abschied viel schwer, wann sehen wir uns wieder, beide kamen wir gut

miteinander aus, wird es ein Wiedersehen geben?

REISETAGEBUCH EINER BEGLEITERIN AUF DER BERGZIEGE.

Hier ein paar Zeilen von Traute-Rose während der gemeinsamen Reise auf „Frieda", wie sie meine Kawasaki genannt hat.

BRASILIEN 2011

Vom 7. August 2011 bis 7./8.September 2011

4½ Wochen war ich weit, weit weg --- war alles weit, weit weg. Die Distanz zum Alltag wird von Tag zu Tag kleiner.

Abflug am 7. August ´11 ab FRANKFURT Anreise in aller Frühe mit der Bahn: Sabrina bringt mich nach Stuttgart

Ankunft nachmittags in SALVADOR / BAHIA in BRASILIEN

Was für eine herrliche Zeit für mich! Erholt, entspannt, zufrieden und mit Freude bin ich also wieder hier in meinem beschaulichen Leben. Gedanklich jedoch, bin ich immer wieder weit fort von hier, fühle mich unterwegs mit Fred und Frieda.

„Frieda" ist Freds treues Gefährt. Anstandslos brummte das Motorrad (Kawasaki) über 2500km nun mit 2 Personen von Salvador ins Landesinnere, zurück Richtung Osten an die Küste und von dort gen Süden nach Salvador. Das ist die Hauptstadt von Bahia und liegt im Nord-Osten von Brasilien.

Als ich dort am Flughafen ankam, war ich schon ein bißle hibbelig, hatte ich doch Fred vor 4 Jahren zuletzt und erstmals nur kurz kennen gelernt (in Australien). Tja, da stand er schon – erwartungsvoll wir beide. Und wie es sich gehört: er holt mich mit Frieda ab!

Alles war vorbereitet:

Meine Reisetasche kam auf die extra angebrachte Gepäckplatte,

Fußraster waren für mich angebracht. Nur noch den Helm ausgepackt, aufsitzen und schon ging es ab in die „Pousada Bougainville", eine sehr schöne, gemütliche Unterkunft mit Pool und strandnah gelegen. Schön zum Ankommen, relaxen. Von dort bis ins Stadtzentrum fährt man mit dem Bus über 1 Stunde. Da ist der Reutlinger Verkehrsstau ein Klacks dagegen, im Vergleich zum südamerikanischen Verkehrschaos.
Brasilien ist ein riesiges Land, ähnlich wie Australien. So gesehen bereisten wir einen kleinen Ausschnitt und für mich stand das Motorrad-mit-fahren im Vordergrund. Ist man unterwegs, sieht man stundenlang Maisfelder, oder Orangenplantagen über Orangenplantagen, dann wieder karges Land so weit das Auge reicht.

Im Nationalpark „Chapada Diamantina" ist wandern angesagt.
Lencois, ehemals ein Minenarbeiter-Städtchen, liegt eingebettet im dichten Grün des Regenwaldes, an einem erfrischenden Bergfluss gelegen. Dieser Fluss ist für die meisten Familien die Waschküche. Auf den großen Steinen wird die frisch gewaschene Wäsche zum Trocknen ausgelegt. Natürliche Felsenbecken laden zum Baden ein.

Beeindruckende Bergformationen in der Nähe erwandern wir.
Der Aufstieg auf den Haupt-Tafelberg „Inacio" wird mit einem tollen Ausblick auf die umliegenden Tafelberge belohnt. Viele Grotten und Höhlen laden zum Besuch ein. Wir entscheiden uns für die Höhle „Caverna Torrinha". 2 Stunden – Marsch im Licht einer Gaslaterne! Die Tour und Tortur ist lohnenswert. Es empfiehlt sich allerdings, nicht in Motorradhosen reinzugehen. Die ist viel zu warm und hinterher sieht man aus, als hätte man im Sandkasten gespielt. Heißt: ab und an kommt man nur auf allen 4-en voran! Armer Fred – bei seiner Größe war´s doppelt anstrengend. Ein „Skol" (Bier) zur Belohnung war ihm sicher!!!
Weiter verlief die Route in nördliche Richtung bis Campo Formosa, von dort wieder gen Osten an die Küste des atlantischen Ozeans:
Monte Santo, Tucano, Aracaju. In Etappen, entlang der „Strada de Coco" (Straße der Kokospalmen), erreichten wir Praia de Forte, ein netter Ferienort, touristisch erschlossen. Hier war es kein Problem

bezüglich Verpflegung. Unterwegs waren Restaurants und Essbuden an der Straße nicht selbstverständlich. Es kam auch vor, dass wir uns mit Keksen zufriedengeben mussten. Mancherorts gibt es Brot nur in der Feriensaison und die war nicht!
Was uns gut geschmeckt hat: Moqueca (Mokekka), Eintopf aus Schrimps, Knoblauch, Tomate, Zwiebel und Dende-Öl (Palmöl). Es gibt die Version auch ohne jenes Öl, das sich verhängnisvoll auswirken kann: abführend! Acaraje ist ein Kloß aus Bohnenmasse, der ebenso in Dende-Öl ausgebacken wird, um dann mit Schrimps, Gemüse und Pimenta (schwarze Würzmasse) gefüllt wird. Schmeckt lecker, Effekt ist ähnlich wie bei Moqueca. Das Bier dazu ist gut, brasilianischer Wein dagegen schmeckt viel zu süß, wie Traubensaft. Leider ist die Sprache ein großes Handicap. Wer glaubt mit Englisch oder Spanisch zurecht zu kommen, täuscht sich gewaltig. Großes Glück hatte Fred zu Beginn seines Salvador – Aufenthaltes in einer BMW-Niederlassung und -Werkstatt. Er muss ziemlich entnervt gewesen sein, weil ihn kein Mensch verstand. Bevor er unverrichteter Dinge beinahe abgezogen wäre, brachte ein Mechaniker einen englischsprechenden, brasilianischen Kunden daher. Es war Macio, der soeben eine BMW gekauft hatte und mit Rat und Tat Fred zur Seite stand. Er verklickerte in der Werkstatt, dass Fred seit über 6 Jahren als Weltreisender unterwegs ist, und nun sein Motorrad auf Vordermann bringen möchte. Jetzt konnte Fred loslegen und ich glaube alle hatten ihren Spaß dabei.

Das Meer und der Strand kamen nicht zu kurz. Allerdings ist beim Baden im atlantischen Ozean Vorsicht geboten. Starke Strömung, Felsriffe in der Brandung, kräftiger Wellengang. Menschen verteilen sich an den kilometerlangen Sandständen, unter der Woche ist gar nichts los!

Leider kam die Zeit des Abschiednehmens. Das fiel uns richtig schwer! Werden wir uns wieder sehen? Wir haben es fest vor!

Traute-Rose Abflug war auch mein Abfahrtstag von Brasilien Richtung Paraguay, denn dort wartete einiges auf mich. Ich fuhr schnurstracks auf den kürzesten Weg nach Paraguay, viel anzuschauen gab es unterwegs nicht, Brasilien ist ein riesiges Land, Rio de Janeiro, Sao Paulo etc. werde ich mir im späteren Leben anschauen. Vielleicht sogar mit Traute-Rose dachte ich mir und ließ diese Metropolen links liegen.

Siegi und Alwine Müller, ex Espelkamper sind in den 90iger Jahren nach Paraguay, Neu-Halbstadt im Chaco ausgewandert, Alwine hat auf meiner Abschlussparty wo sie mit ihrem Schwager Dietmar Müller, alias „Foxi" war, eine Einladung ausgesprochen, dass wenn ich in Paraguay bin, dort mal reinschauen soll, dies tat ich auch, allerdings 6 Jahre später.

Unterwegs bekam ich eine E-Mail, dass Siegi und Alwine ihren Silberhochzeitstag am 19.9.2011 feiern und Dietmar, der kleine Bruder von Siegi eine Woche zuvor am 13.9.2011 seinen 50igsten Geburtstag, nun hieß es wieder tagtäglich 400-600km fahren, um rechtzeitig dort zu sein.

Ich kam am 13.9.nachmittags im Chaco in der deutschen Kolonie, Neu-Halbstadt an.

Dietmar (alias Foxi) Müller, Katana 750 Fahrer, den ich vom Espelkamper Bikerstammtisch kenne, hat mir auch einige Sachen, wie z.B. neue Alukoffer, einen Kettensatz und weiteres Bike Zubehör mitgebracht, das war wie WEIHNACHTEN für mich.

Foxi nochmals vielen Dank dafür.

Abends waren wir alle gemeinsam, auch die Mütter von Siegi und Alwine sind eingeflogen und beim Essen und Trinken im Ortsansässigen Hotel dabei. Foxi ließ sich nicht lumpen, alles war gut organisiert und schmeckte vorzüglich, die Getränke danach taten ihr Übriges dazu.

Untergebracht war ich bei Jimy Barg, ein BMW R 80 GS-Biker, vermittelt durch Alwine. Jimy bohrt Brunnen und bringt den Menschen und Tieren hier das Gold wie er sagte, denn Wasser ist rar im Chaco, weil es wenig regnet, alles muss in Zisternen aufgefangen werden und oft sogar wird Trinkwasser dazu gekauft und von riesigen Wassertankern geliefert.

Der Chaco war früher ein großes Meer, nur sandiger Boden und keinerlei Felsen oder Steine gibt es hier, oftmals ist das Wasser zu salzhaltig und

kann von Mensch und Tier nicht getrunken werden. Die Rinderzüchter haben harte Zeiten, weil die Weiden trocken sind und das Trinkwasser für die Tiere ausgeht, dann muss zugekauft werden, an Futter und Wasser.
Arbeitseinsatz hatte ich auch, bei Siegi habe ich Steckdosen und Schalter verkabelt, sowie Neonlampen unter der Decke angebracht und verkabelt.
Siegi Müller selber hat einen Gesellen und 2 Lehrlinge beschäftigt, er vermittelte mir dann in einer Autowerkstatt weitere Arbeit, bei Berthold Braun, einer alteingesessenen Autowerkstatt in Neu-Halbstadt. Dort gab ich Rickie die Hand beim Autoschrauben und anschließend habe ich den kompletten alten Werkstattanbau an der neuen Halle von innen gestrichen, sowie einige Verschönerungs-und Erneuerungsanstriche im Büroraum vorgenommen.
Ich versuche in den Ländern unterwegs ein wenig zu Arbeiten um es nicht zu verlernen und Einblicke in die verschiedenen Arbeitsmaterialien, -techniken und -methoden zu bekommen.
Bei tropischen Temperaturen ist es nicht immer angenehm und reich wird man auch nicht, man kann seine Lebenskosten damit decken. In Paraguay liegt das Mindestlohneinkommen bei 1.600,000 Guaranis, was etwa 300 Euro entspricht.
Die Lebensmittel sind günstig, weil in den deutschen Gemeinden alles durch die Cooperativen in Asuncion eingekauft wird und bei großen Mengen, dementsprechend weniger kostet und an den Endverbraucher weitergegeben wird.
Hier im Chaco wird überwiegend Plattdeutsch und Hochdeutsch gesprochen, ein jeder kann dazu auch spanisch sprechen, ich fühlte mich hier wohl, als ob ich nie von Deutschland weg bin, alles war vertraut.
Osvaldo Schapanski, der erst kürzlich aus Deutschland retour kam, hat mit mir ein Interview für Radio- und TV-Chaquena, deutschsprachiger Chaco Fernsehsender gemacht, sowie der Tourismus Manager Herr Wiebe ein Interview in Textform für die Heimatzeitung aus Neu-Halbstadt, die einmal monatlich erscheint.

Mit Jimy Barg war ich Streckenposten bei der Chaco Rallye, die über mehrere Tage andauerte und durch den Chaco-Busch verlief, was viel Staub hieß.

Kalle Nagel, ex Rahdener, brachte mir inzwischen die zweite Hinterfelge für meine Bergziege mit, beim Reifenwechsel an der brasilianisch-paraguayischen Grenze stellte ich fest, dass wieder zahlreiche Risse an den Speichennippel-Punzungen waren, nun ist eine Metallfelge statt Aluminium verbaut, die hoffentlich den Pisten in Südamerika besser standhält.

Zum Abschluss von Paraguay unternahm ich noch mit Jimy eine Tour nach Ostparaguay zu den Wasserfällen von Iguazu, dem noch größten Hydrokraftwerk der Welt in Itapua und den Jesuiten Ruinen von Trinidad und Chesme, alles in allem nochmals eine 2500km Reise in einer Woche.

Ich lud zum Abschluss noch ein paar liebgewonnene Biker und Freunde zum Abschieds-Asado ein und verließ am 10.11.2011 nach 8 Wochen Aufenthalt bei Tachostand 86.200km endgültig Paraguay, zu der Grenze an Bolivien, mit insgesamt 3820 gefahrenen Kilometern in Paraguay.

Was dann wenige Tage später in Cochabamba geschah, Messerraubüberfall habe ich als Einleitung schon erwähnt. In Bolivien hielt ich mich nicht mehr lange auf, weil ich zuvor schon dort gewesen bin.

Als Mennoniten im Chaco siedelten.

Zentrum der ersten Mennonitensiedlungen war die Region Chaco in Paraguay. Als erste Siedlung entstand dort 1926 Menno, von mennonitischen Einwanderern aus Kanada aufgebaut. Zwischen 1930 und 1932 folgte die Siedlung Fernheim, gegründet von Russland-Mennoniten, die unter Stalin aus Russland geflohen waren. Nach dem zweiten Weltkrieg entstand Kolonie Neustadt mit dem zentralen Ort Neu-Halbstadt. Weitere Siedlungen wurden später in Brasilien, Argentinien, Bolivien und Uruguay gegründet. Die Siedlungen wurden seit ihrer Gründung von deutscher Seite gefördert. Auch heute noch sind mehrere vom Bundesverwaltungsamt in Köln vermittelte und entsandte Lehrer vor Ort. Auch die Deutsche Gesellschaft für Technische Zusammenarbeit ist im Chaco aktiv.

Peru-Ecuador

Ein alter Reise-Freund, verschlug es für 4 Wochen dorthin, natürlich haben wir uns getroffen. Volker aus Düsseldorf war für einen Monat als Backpacker in Peru und Bolivien unterwegs. Wir trafen uns um 2 Wochen gemeinsam als Backpacker zu reisen, zudem unternahmen wir eine kleine Spritztour mit der Bergziege.

Der höchstgelegene und größte Binnensee der Welt, „Titikakasee" liegt im Grenzgebiet von Bolivien und Peru. „Macchu Piccu" sowie den tiefsten Canyon der Welt, den „Colca Canyon" besuchten wir, für mich als Selbstfahrender Reisender ist das Bus- und Bahnfahren ein wenig ungewohnt, man kann nicht überall stoppen, wo man will, und ist teils eingepfercht in engen Busreihen und stinkender Atemluft.

Aber Ablenkungsmanöver, um Rucksäcke zu stehlen gibt es in den Busterminals zuhauf, gleich am ersten Terminal, stellte Volker seine beiden Rucksäcke ab, und gleich kam eine dicke kleine Einheimische Frau samt ihrem Mann, zückte ihr Handy und telefonierte zwischen mir und Rucksäcke stehend so ungeschickt, dass ich gleich merkte, worum es geht. Ihr Mann versuchte Volkers kleinen Rucksack zu nehmen, was ich verhinderte, und sie wegschob, um mir aus dem Weg zu sein, es waren ältere Leute, aber es ging diesmal noch gut.

Der Titikakasee war schön zum Erholen und Ausruhen, weil wenig Menschenmassen dort sind. Der Colca Canyon ebenfalls, nur an den Aussichtspunkten kommen alle Touristen zusammen, aber an den teuren Macchu Piccu, eine alte hochgelegene Inkastadt war Chaos angesagt, wobei die nur 5km entfernten Salzterrassen menschenleer waren.

Man kann Macchu Piccu nicht mit dem eigenen Fahrzeug erreichen, alle Besucher müssen eine teure Bus- und Eisenbahnfahrt bezahlen, alles zusammen etwa 80 Euro, wobei der Eintritt nach Macchu Piccu selber schon knapp über 30 Euro kostet. Mein bisher höchstes Eintrittsgeld nach dem „Taj Mahal" in Indien mit 15 Euro in 2005.

Ob es sich gelohnt hat, es war dem Eintrittspreis nicht gerecht, so mal das Wetter bewölkt und regnerisch war, 15 Euro hätten auch gereicht und wären damit gut bezahlt gewesen.
Das letzte Stück, etwa 12km, fährt man mit Bussen die hin und retour schon 16 USD kosten, allerdings über eine geschotterte Strecke, ich fragte mich, was mit all dem Eintrittsgeld passiert, tagtäglich bis zu 2000 Touristen, in Hochkonjunktur sogar bis zu 2500 Personen, die Macchu Piccu besuchen, mehr werden nicht hereingelassen. Es ist die größte Geldeinnahmequelle von Peru, das ist sicher.
Der Tag des Abschieds kam, Volkers Urlaub ging zu Ende, am selben Tag seines Abfluges nahm ich ein Bus zurück nach Arequipa, dorthin wo ich die Bergziege in einem Hostal untergestellt habe.
Dann ging es nach zwei Ruhetagen der Küste entlang Richtung Equador, die Berge in Peru interessierten mich nicht mehr besonders, alles sah gleich aus, zudem war das Wetter bewölkt und Regen deutete sich an.
Die Küste war langweilig, weil es immer diesig war und viel Verkehr vorhanden, ein ständiges Überholen und Machtkampf mit den LKWs, diese sind verdammt schnell, 120km/h war normal, oft gab ich klein bei, um diese überholen zu lassen um sie kurz darauf bergauf wieder zu Überholen.
Die berühmten Linien von „Nasca" in Peru, wo die deutschstämmige Prof. Maria Reichl 40ig Jahre lang geforscht hat, habe ich mir nicht aus dem Flugzeug angesehen, ein 15-minütiger Flug hätte 100,-USD gekostet, ich musste Geld sparen, die Zeit mit Volker war teuer.
Es gab zwei Aussichtspunkte, wo man hochsteigen konnte, um die Linien zu sehen, man konnte von dort natürlich keine Tier- und Erdzeichnungen sehen, allerdings aber etliche Linien die kreuz und quer verliefen, um sich irgendwo zu bündeln und von dort wieder in andere Richtungen zu laufen, ziemlich gerade alles, man streitet sich heute noch darüber was dies eigentlich zu bedeuten hat.
Nichtsdestotrotz folgte ich meinen Weg Richtung Norden, Ecuador war nicht mehr weit, alle Grenzdurchläufe verliefen einwandfrei, in Ecuador wurde mir an der Grenze eine Versicherung für 4 Wochen Gültigkeit ausgestellt, gegen 5 USD, das erste Mal, seitdem ich in Südamerika bin,

nagelte man mich darauf fest.
Ich folgte der Küste, hier war es merklich wärmer als in Peru, das Meereswasser soll hier schon angenehmere Temperaturen haben, der kalte Humboldtstrom verlor hier seine Wirkung und wurde durch wärmere Gewässer des Pazifiks vom Norden her angereichert.
Ich machte noch einen Abstecher ins bergige Hinterland nach Cuenca, nur 200km von der Küste entfernt ging es über enge Kurven bergauf (2500m) und durch Wolkenbänder, man sah die Hand vor Augen nicht, es wurde kalt und zudem regnerisch, ich brach am nächsten Tag wieder auf, um zur Küste zu kommen.
Wieder durch unendlich lange Wolkendecken hindurch, bis ich nach 150 km tropische Bananenplantagen durchfuhr und die Hitze und Schwüle mir mit über 30 Grad entgegenkam.
Besser heiß und schwül wie nass und kalt, Aussage eines Bikers. Guayaquill Stadt von Ecuador wollte ich eigentlich als Zwischenstopp nutzen, aber nachdem ich über die Brücke gegenüber dem Airport hineinkam, war ich von dem vielen Verkehr auf den teils 5-spurigen Einbahnstraßen ein wenig genervt, zumal mir eine Stadt entgegenkam die ich nicht als besonders sehenswert ansah. Alles weitläufig auseinander und verstreut entfernt, ich stoppte und entschloss mich anhand meiner Landkarte nach Salinas zu fahren. Einer Landzunge die weit in den Pazifik reicht, in der Hoffnung dort etwas ruhiges für die kommenden Tage zu finden.
Salinas muss man sich wie Mallorca vorstellen, Hotelhochburg und Urlaubsort der nahegelegenen Hauptstadt, nun war ich hier und es war später Nachmittag, gefangen in der Touristenhochburg, keine Zeit weiterzufahren, um die Küste nordwärts zu kommen. Ich buchte mich 2 Tage in einer Nebenstraße ein, ein nettes Hotel, ruhig, wenn da nicht die Kinder wären, aber es war Samstagabend und Sonntag reisen die Einheimischen wieder ab verhieß man mir, dem war auch so.
Montag ging es weiter, es war an der Zeit, nach 30.000km wollte ich nun an der Bergziege den Kettensatz, den mir Foxi nach Paraguay mitgebracht hatte, sowie den Hinterreifen, den ich schon seit Bolivien durch die Gegend

fahre und die Bremsflüssigkeit auswechseln.
Ich versuchte selber den Hinterreifen an einer Tankstelle zu tauschen, aber ich bekam nicht den Reifen von der Felge gezogen, misst Pirelli MT 60, die sitzen so stramm auf der Felge das man diese ohne Hilfe eines Seitenständers oder zweiten Person nicht herunterbekommt, so mal er auch nur 9000km gehalten hat.
Also nahm ich ein Taxi und suchte mit dem Fahrer eine nahegelegene Vulkanisierwerkstatt auf. Auch dieser hatte Probleme den alten Reifen von der Felge zu bekommen, das Aufziehen des neuen ebenfalls Pirelli, diesmal MT 90 Reifen ging genauso schwer, mehrmals musste die Luft abgelassen und mit dem Montierhebel nachgeholfen werden, um den Reifen ins Felgenbett flutschen zu lassen. Ich hoffe damit unterwegs keinen Plattfuß zu bekommen.
Für 2,- USD und 3,- USD fürs Taxi war die Sache erledigt, ich montierte dann gleich ein neues hinteres Kettenrad, suchte mir eine andere Werkstatt, die mir die vordere Ritzelmutter löste, welche bombenfest saß. Erst eine Autoreifenwerkstatt mit luftbetriebenem Schrauber konnte diese Ritzelmutter lösen, dann suchte ich mir eine Mopedwerkstatt, wo ich die Kette wechselte, samt Bremsflüssigkeit, was auch nochmals 2 Stunden dauerte, Luftfilter wurde mit Benzin ausgewaschen und frohen Mutes ging es 80 Kilometer weiter nach der Surfer Hochburg „Mantanita".
Laut und voll mit Touristen und Langzeitaussteigern aus Amerika, die hier ihr Surfer Idol da sein tristen, alles junges Volk zwischen 20-30 Jahren. Ich war bei weitem wieder der älteste und fühlte mich dort auch nicht wohl als Biker unter Surfern, dass passt nicht.
Aber so richtig Ruhe wollte nicht einkehren, ich bemerkte nach einigen Tagen an meinem linken Oberschenkel, etwa ein 40cm bis unterm Knie auf Wadenhöhe reichenden verhärtete Außenvene, die dicker und härter wurde.
Ich bekam Angst und wollte einen Arzt in der Stadt Quito aufsuchen.
Quito liegt 20 Kilometer südlich des Äquators in einem 2850m hohen Becken der Anden und ist noch vor der bolivianischen Hauptstadt Sucre die höchstgelegene Hauptstadt der Welt. Weder an der Küste noch im Landesinneren, wo ich extra dreimal auf der Straße den Äquator überfahren

habe, gab es ein Monument, lediglich einmal an der Küste eine verwaschene aufgezeichnete gelbe Linie, das war ein wenig enttäuschend für mich. Denn auf meiner Reise um die Welt war es die zweite Äquator Querung. In Sumatra, Indonesien, fährt man durch einen Torbogen hindurch, allerdings liegt auch dieser einige 100 Meter weiter von der Nulllinie entfernt, ebenso wie der in Ecuador. Die damaligen Vermessungsmethoden, waren noch nicht so entwickelt wie heutzutage. Wie sich herausstellte gibt es nördlich der Hauptstadt Quito ein großes Monument, siehe Foto.
Starke Regenfälle im bergigen Landesinneren von Ecuador erschweren meine Reise. Es führt nur eine Straße, die nordwärts führt, die Panamericana. Diese zieht sich durch die Berge von Ecuador bis Kolumbien, wo es auf Höhenlagen um die 1200-2000Meter oft regnet, leider. Das Fahren bei heftigen Gewitterregen oder Nebel in den Bergen war gefährlich, zumal die Einheimischen Fahrzeuge alle ohne Beleuchtung unterwegs sind, damit sie nicht gesehen werden oder weshalb auch immer. Meine Erfahrungen war auch das diese in den Kurven weit auf meine Fahrbahn herüber kamen, es hat so manch knappe Begegnungen gegeben, einmal habe ich es fast krachen gehört, weil der Lastzug extrem auf meiner Seite war, natürlich ohne Licht im Regen und Nebel. Aber mein Schutzengel hat mir beigestanden.
Ich habe versucht die „Balineros" zu finden, Einheimische, die mit selbstgebauten Holzkarren und Rädern aus LKW-Radlager in den Bergen bis auf 3000m Höhe unterwegs sind. Diese lassen sich von den Lastwagen hinaufziehen und bieten ihre Hilfe bei Reparaturen, Unfällen, Verkehrsstau an. Danach geht es im rasanten Tempo mit Reifenbelag-Bremsen und gefährlichen Überholmanövern wieder ins Tal hinab. Die Linea 5 sollte ihr Einsatzgebiet sein, aber niemand war zu sehen, ich fuhr extra 180 Kilometer Umweg in den Bergen. Es gab 2005 eine TV-Reportage darüber, anscheinend hat es durch neue Straßen eine Verbesserung der Situation gegeben und diese „Balineros" sind überflüssig geworden. Schade, es waren Unikate.
Etwas ähnliches habe ich in Mittelamerika gesehen, wo man mit ähnlichen

Karren Holz aus dem Wald in die Orte transportierte. Bergauf zogen diese ihre Last hinter sich her und bergab ging es im Sauseschritt auf unsicher aussehenden Karren im Affentempo hinunter.

Da ich sowieso Durchblutungsprobleme mit meinem linken Bein habe, wollte ich nichts riskieren. Mein Vater hatte dieselben Probleme, ist im Alter von 69 Jahren an Lungenembolie gestorben.

Der Arzt riet sofort, nachdem er erfuhr, dass ich Langzeit reisender Biker bin, das Motorradfahren zu stoppen. Es trägt dazu bei, dass diese Thrombose entsteht, abgewinkelte Sitzhaltung - und das auf Jahre - ist vermutlich auch der Hauptgrund dieser Krankheit, womit ich bis 2005 nie etwas zu tun hatte.

Also die Motorradreise um die Welt beenden? „Nie und nimmer", sagte ich ihm. Er schickte mich zu zwei Gefäßspezialisten, die mit Ultraschall meine Beine untersuchten und Gott sei Dank feststellten, dass die Innenvenen intakt und nicht Thrombose gefährdet sind. Also doch nicht so schlimm dachte ich. Auf Anweisung des Arztes könne ich mich selbst behandeln. Es gab 10 Spritzen, täglich eine in den Bauch und dann noch Tabletten zur Blutverdünnung (Warfarina) und Salbe fürs Bein. In vier bis sechs Monaten hieß es, solle alles wieder gut sein. Inzwischen sind drei Monate vergangen, aber es ist nur ein wenig besser geworden - immerhin nicht schlechter, denkt man als Reisender in meine Situation. Auf ärztliche Ferndiagnose sollte ich meinen INR-Wert im Labor unterwegs mehrmals prüfen lassen, damit es richtig eingestellt ist. Das Blutgerinnsel wurde kleiner und die verhärtete Vene ist nicht mehr fühlbar. In Mexico werde ich das nochmals untersuchen lassen.

Ich werde die Weihnachtstage an der trockenen, warmen Küste verbringen bevor es über Neujahr wieder in die kalten, regnerischen Berge nach Quito geht, um dann schnellen Rittes über Kolumbien nach Venezuela zu kommen, denn am 15.2.2012 ist meine 4-tägige Bootspassage samt Bergziege von Cartagena, Kolumbien nach Panama gebucht, mit der Stahlratte, aber dazu später mehr.

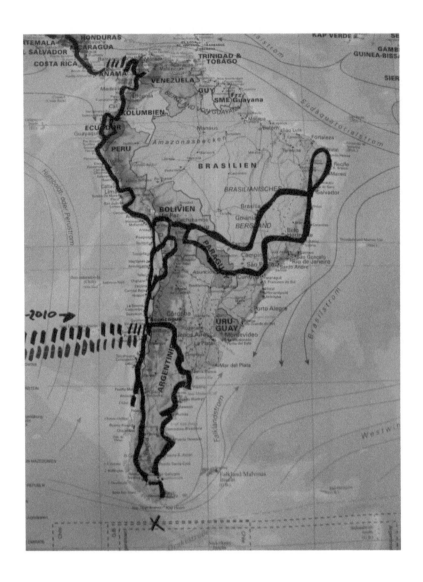

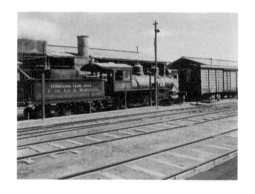

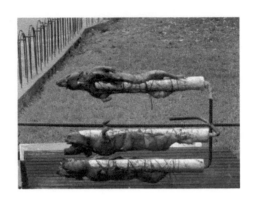

Kolumbien-Venezuela

Nach inzwischen 12 Monaten mit knapp 70.000 gefahrenen Kilometern in Südamerika und erheblichen Bike Reparaturen, wie Steuerkettenaustausch in Brasilien und später den Austausch der Ausgleichswellenkette in Kolumbien, stelle ich fest, dass mein KLR 650 Motor mit einer Laufleistung von knapp 100.000km dem Ende nahe ist.
Der hohe Ölverbrauch von einem Liter, je nach Fahrweise dementsprechend mehr und die verschlissenen Kettenräder des Ausgleichsmechanismus machen eine Reparatur nicht mehr lohnend.
Es muss in den USA ein Austauschmotor her, um die Reise ohne Probleme weiterhin fortsetzen zu können. Ohne endlos Geld für Reparaturen in den alten Motor zu stecken. Südamerika, ein Land das ideal für Motorradreisende ist, wo man auf Abwegen die fantastische Bergwelt und teils unberührte Natur erleben kann.
Es ist einfach sich dort zu bewegen. Wenn man erst einmal im Land ist, sind die Grenzdurchläufe nur noch eine Frage der Zeit. Kein Carnet de Passage ist für das Fahrzeug von Nöten.
Europäer bekommen drei Monate gratis Visum/ Aufenthaltsrecht, reicht die Zeit nicht aus, passiert man nochmals die Grenze und bekommt wieder weitere drei Monate neu.
Mir selbst hat Bolivien mit dem Altiplano und den Vulkanen, sowie Lagunen am besten gefallen, ebenso Chile und Argentinien, wobei diese beiden Länder merklich teurer sind. Die Höhenlagen von teils über 4000m fordern Attribute, Kopfschmerzen, Unwohlsein, Motorradprobleme beim Starten in der viel zu dünnen Luft, wenn man ein Vergasermodell fährt, und jede Bewegung ist Atemluft raubend.
Das Zelten unter widrigen Bedingungen bei teils -20 Grad, Sturm und Wintereinbrüchen tun ihr Übriges dazu. Worauf man sich verlassen kann, ist, dass es tagtäglich wieder ab 8 morgens Sonnenschein gibt und diese alles schnell aufwärmt, sodass man es im Zelt vor Hitze nicht mehr aushält und alles früh zusammenpackt, um weiter vorwärtszukommen.
Stürze gehen meist glimpflich aus, weil man mit gemäßigten Geschwindigkeiten von 30-60 max. die Stunde unterwegs ist.

Ich traf etliche andere gleichgesinnte Biker, mit denen ich gemeinsam unterwegs war, sei es nur für ein paar Tage oder auch Wochen wie mit Phillipe und seinem BMW R100 GS Gespann.
Mit dem er viele Probleme hatte, aber unentwegt vorwärtsstrebt, um Südamerika unter die Räder zu nehmen.
Ein Ding war es, Lagerfeuer auf über 4000m Höhe machen zu wollen, um zu sehen, wie es bei der dünnen Luft brennt, es brennt langsamer und raucht mehr, man muss öfters Holz umschichten, damit es vollends verbrennt. Wärmen tut es aber gut, obwohl bereits um 18 Uhr -5 Grad auf dem Altiplano herrschen und nachts bzw. in den frühen Morgenstunden, 2-5 Uhr es bis auf unter minus -20 Grad geht.
Im Mai-Juni, da ist eine gute Campingausrüstung unverzichtbar.
Holz wurde unterwegs am Straßenrand gesammelt, Bäume wachsen dort nicht, alles sind verlorene Stücke der LKWs von Straßen-/Minenbaufirmen, es reichte immer für eine Stunde Wärme und auch mal ein Asado.
Die Bergziege hatte morgens immer erhebliche Startprobleme wegen der Kälte, aber wenn ich gegen etwa 9 Uhr morgens für die Abreise bereit war, klappte es auch mit dem Anspringen von Frieda.
Die Länder Chile, Argentinien, Bolivien, Brasilien, Paraguay, Peru, Ecuador, Venezuela und Kolumbien wurden mehr oder weniger bereist. Insgesamt 100.000 km plus in 16 Monaten. Peru gefiel mir nördlich ab Lima nicht mehr so besonders, sodass ich dort größere Strecken hinter mir legte.
Keine Ahnung, woran dies lag, waren es die teils unfreundlichen getroffenen Menschen, die langsam beginnende Monotonie der Küstenlandschaft mit dem täglichen diesigen oft sehr nebeligen Wetter, oder war ich schon einfach zu lange in diesem Land. Die Hauptstadt Lima gefiel mir nicht besonders, weshalb ich dort nur einen Tag verweilte.
Ecuador an der Küste war ideal zum Relaxen, während es extrem regnete in den nahegelegenen Bergen.
Nach drei Tagen relaxen und Baden im warmen Pazifik, bemerkte ich eine verhärtete Außenvene an meinem linken Innenoberschenkel, die sich täglich erweiterte, bis diese letztendlich 50 cm lang war und unter dem

Knie auf Wadenhöhe endete.
Ich bekam ein wenig Angst und habe meinen Aufenthalt abgebrochen, um in der Hauptstadt Quito einen Spezialisten aufzusuchen.
Dort diagnostizierte man mir eine Thrombose der Außenvene. **Schock???/!!!**
Es wurden mehrere Ultraschall Untersuchungen bei zwei Spezialisten, darunter ein Gefäßspezialist unternommen. An beiden Beinen wurden ebenfalls beide Innenvenen untersucht und man teilte mir mit, dass dort keine Thrombose vorhanden ist. Diese können unter Umständen eine Lungenembolie auslösen was tödlich enden kann. Mein Vater hatte ebenfalls Probleme mit seinen Beinen und ist an Lungenembolie im viel zu frühen Alter von 69. Jahren verstorben.
Mit Spritzen und Blutverdünner Tabletten (Warfarina) versuche ich nun seit Monaten mein Blut auf einen Wert von 2-3 INR zu bringen. Anfänglich habe ich mit Nierenschmerzen und sehr starken Kopfschmerzen kämpfen müssen und die Dosis der Tabletten einfach herabgesetzt, die Nierenschmerzen und Kopfschmerzen verschwanden, somit auch der angestrebte INR-Wert von 2-3. Inzwischen hat er sich bei 1,8-1,9 eingependelt und bleibt nun so.
Die Thrombose hat sich ein wenig aufgelöst, bzw. verkleinert und der Schmerz ist verschwunden. In Mexiko werde ich nochmals eine Ultraschall Untersuchung machen lassen samt Bluttest wie die jetzige Situation aussieht.
Nach Ecuador habe ich Kolumbien bereist, sehr regnerisch in den Bergen und keine Chance an der Küste auszuweichen, weil es keine Küstenstraßen gibt, alles Sackgassen, die man wieder retour fahren muss. Dort bin ich dann schneller durch als geplant. Am 15.2.12 muss ich in Cartagena in Kolumbien sein, um die Schiffspassage nach Panama anzutreten, etwa 4 Wochen Zeit hatte ich noch dazu. Es gab heftige Gewitterregen mit Nebel in den Bergen der, dass Fahren sehr gefährlich machte, zumal die einheimischen Fahrzeuge fast alle ohne Beleuchtung unterwegs sind.
In Asien sagte man, erinnere ich mich: mit Fahrtlicht verbraucht der Motor mehr Benzin, in Südamerika anscheinend auch.

LKW kommen in Kurven weit auf die andere, (meine) Fahrbahnseite gefahren. Es hat so manch knappe Begegnung gegeben, nur einmal habe ich es fast krachen hören. Weil der Sattelzug extrem auf meiner Fahrbahnseite herüberkam, natürlich ohne Licht im Regen und Nebel. Aber mein Schutzengel hat mir beigestanden.

Kolumbien ist Kaffee Anbauland, dieser schmeckt bitterer als anderer Kaffee. Ich war ein wenig enttäuscht über den schlechten Kaffee, den ich dort getrunken habe, die Menschen sind nett und hilfsbereit, erwarten aber immer eine Gegenleistung in Form von barer Münze.

Mich begleitete ein Bengel zu einem Restaurant, nachdem ich im Dunkeln danach fragte. Ich sagte OK, finde meinen Weg dahin schon selber, aber er folgte mir und als wir dort ankamen, hielt er die Hand auf, ich gab nichts. Er blieb die gesamte Zeit dort draußen sitzen, in der Hoffnung doch etwas erhaschen zu können. Schließlich gab ich ihm aus Mitleid etwas zu Essen, was er erst nicht nehmen wollte, aber nach drängen meinerseits dann doch nahm und in der Dunkelheit verschwand.

Ich dachte, na, haste ja mal wieder was Gutes getan und ging gut gesättigt retour zum Hostal in Cali.

Mir gefiel die Stadt und das sehr ärmliche Umfeld nicht, als ich noch abends ein wenig Internetrecherche betrieben habe, (23.30 Uhr) hörte ich wie aufgeregt eine Gruppe junger Amis retour kam. Diese erzählten, dass sie mit Waffengewalt bedroht wurden, ausgeraubt und nach einem Geldautomaten gefahren wurden wo jeder der seine Kreditkarte dabei hatte Geld ziehen musste.

Ein Profifotograf darunter, verlor seine Canon/Nikon Kamera und Objektive im Wert von über 10.000,- USD.

Ich fragte mich allerdings, warum nimmt jemand abends solch eine wertvolle Kamera und Kreditkarte auf einer Kneipentour mit. Denn diese Gruppe verließ gegen etwa 21 Uhr das Hostal.

Ich bin bis auf den bewaffneten Messerüberfall in Cochabamba in Bolivien, wo ich etwa 130 Euro und meine Canon G 11 Digikam verlor ohne weitere Zwischenfälle durch Südamerika gekommen, **ALLERDINGS NEHME ICH SEITDEM ABENDS AUCH KEINE** Kreditkarten und größere

Bargeldsummen mehr mit.
Es war der erste geglückte, Zwischenfall bei meinem inzwischen über 40ig jährigen Reisen seit den 80iger Jahren.
Die herrliche Bergwelt von Kolumbien erinnerte mich auf dem Weg nach Venezuela an die Jungas in Bolivien, kleine historische Bergdörfer, die zum Übernachten einluden, Pamplona eine davon.
Venezuela, eine missgelaunte Grenzbeamtin machte mir die Einreise nach Venezuela schwer, die Ausreise und Zoll von Kolumbien verlief easy und schnell, keine Stunde und alles war erledigt.
Ich reiste sonntags ein, der Zoll ist dann geschlossen auf beiden Seiten der Grenze. Bei der Ausreise gibt man nur sein Einreise Permit fürs Krad ab und gut ist. Dort wurde ein Übergroßer Canceled Stempel diagonal drüber geknallt. Ich fuhr in Venezuela mehrere Geldautomaten an, auch in eine 25 Kilometer entfernt liegende größere Stadt nach San Cristobal. Kein ATM gab mir auf der Visa- oder Maestro-Karte Geld heraus, obwohl ich verschiedene Summen ausprobierte.
In Venezuela wollte ich nicht lange bleiben, etwas in die Grenznahe Bergwelt hinein und dann über den großen Binnensee zur Küste herauf, um nach Kolumbien wieder auszureisen.
Ich war genervt, wegen den Geldautomaten, ich bin teils freundlichen Einheimischen hinterher gefahren die mich zu Geldautomaten führten, diese probierten dann mit ihrer Geldkarte (Visa) Geld zu bekommen, was klappte, bei mir dann allerdings wieder nicht.
Ich entschloss mich dazu wieder nach Kolumbien retour zu fahren, den Zoll für die Einreise musste ich eh am darauffolgenden Tag erledigen.
Dieselbe Tante wie bei der Einreise machte Probleme, dass sie mir keinen Ausreisestempel in den Pass gibt. Ich verstand ich müsste bis morgen warten, Wollte ich aber nicht!
Ging dann zum „Mopped" retour und sah, dass nun ein Paar andere lokale Mitmenschen an dem Ausreiseschalter standen.
Dort schaute ich ihnen über die Schulter zu und sah das man Geld (76,- Venez. Boliv.) für die Ausreise zahlen musste.
Dies ärgerte mich, waren es etwa 10,-Eumel und dazu muss man in

Einheimischer Währung zahlen, woher nehmen, wenn kein Geld von ATMs verfügbar ist. Also bin ich wieder über die Grenze San Antonio del Tachria nach Kolumbien rein, die Beamten kannten mich schon und winkten mich durch.

Der Immigrationsbeamte wollte mich nicht abfertigen, weil ich keinen Ausreisestempel von Venezuela hatte, ich versuchte ihm beizubringen das ich dort nie wieder hinwill, er meinte aber, dass es dann Probleme für Ihn gibt. Nun gut.

Also bin ich zu dem Geldtauschmarkt, denn nur dort gibt es einen Schwarzmarkt, um Geld zu tauschen, in Venezuela nicht.

Ich hatte gerade noch so viel Kolumb. Peso das ich die benötigte Summe für die Ausreise in Venezuela Bolivar zusammen bekam.

Dann wieder durch die Grenze durch und die Ausreise erledigt, diesmal klappte es. Manche Menschen können sich nicht verständlich machen, es wäre so einfach gewesen auf einem Zettel die Summe aufzuschreiben und zu gestikulieren das man dann raus kann.

Die Wiedereinreise nach Kolumbien lief ebenfalls schnell ab, man behandelte mich bevorzugt. Inzwischen waren Busse weise Ladungen mit Einheimischen dort.

Nur den Zoll konnte man nicht erledigen, der Zollbeamte versuchte noch den Cancel Stempel auf meinen zuvor abgegebenen Bike Formular Permit weg zu radieren, es klappte aber nicht.

Nach einem Anruf hieß es dann, ich müsste bis morgen warten, in Flughafen nähe fand ich ein Hotel. Nahegelegen an der Zollstelle, wo ich morgen früh um Acht sein sollte.

Man war das ein Tag dachte ich schließlich, abends todmüde ins Bett fallend, was kann Reisen doch anstrengend sein.

Mein kurzer ein tägiger Aufschlag in Venezuela, wer weiß wozu es so gekommen ist. (Einreise am 22.1.2012 - Ausreise 22.01.2012 lt. Passeintrag, 90 Gesamtkilometer heute, so wenig bin ich noch nie an einem Tag gefahren).

Am nächsten Morgen nach 2 Stunden hatte ich das Eintritts Permit für meine Bergziege Frieda und los ging es nach Santa Marta zur Küste nach Kolumbien hoch.
Von Cucuta-Villa del Rosario Los Patios über der Strasse 70 nach Aguachica, Höhenlagen von über 2000m mit sehr kurvigen und breiten Straßen, wo man für 250km 5 Stunden braucht. Auf der Nationalstraße Nr. 45 angekommen ging es Richtung Norden bis Cienaga an der Karibischen See, dann auf der Nationalstraße 90 weiter nach Santa Marta. In Taganga an der Küste blieb ich einige Tage, war eine nette Stadt, habe mein Vorderreifen auf Pirelli MT 60 für 47,-€ umgerechnet mit 1,50€ Reifenwechselgebühr tauschen lassen, der alte noch aus Brasilien nach über 25.000km Fahrleistung hatte noch 3mm Profil aber ausgedient.
In Los Naranjos, beim Parque National Tairona an der Küste blieb ich nach nur 100km Tagesetappe einige Tage, dies sollte mein Wendepunkt nach Cartagena sein. Ich unternahm einen Dschungelwalk, das Meerwasser war unsauber und hatte hohe Wellen, lud nicht zum Baden ein. Es ging wieder auf der Nationalstraße 90 retour über Santa Marta einer sehr langen Landzunge nach Solebad Barranquilla, dann auf einer Küstenstraße der 90 A noch weitere 280km nach Cartagena, leider konnte man auf der gesamten Strecke das karibische Meer so gut wie nicht sehen.
In Cartagena buchte ich mich vom 1.-14.2.2012 im Hotel La Naval direkt am Wasser der Karibik ein.
Dort habe ich zwei Wochen lang nichts getan.
Mit nichts getan meine ich, „Moped" in die Ecke und nur gelaufen, Bewegung für die Thrombose ist gut. Zwischendurch im Hospital mein Blut checken lassen, alles OK. Dann nebenbei die Ausgleichswellenkette getauscht die mir Thomas Grob aus Frankfurt mitgebracht hatte, im Nachhinein tausend Dank dafür Thomas.
Nach Motoröffnung habe ich dann festgestellt, dass eines der Kettenräder dazu, dass auf der Kurbelwelle (90.000km) schon ziemlich runtergefahren ist.
Ich hoffe damit noch bis in die USA zu kommen.
Cartagena, die Altstadt gefiel mir. Historische Gebäude in allen Gassen,

sehr touristisch und alle Versorgungsmöglichkeiten vor der Tür und dementsprechend angenehm.
Es hieß langsam Abschied nehmen von Südamerika, nach 16 Monaten Aufenthalt sollte meine letzte Station nun die schöne historische Stadt Cartagena sein, von dort ging es am 15.2.12 per Segelschiff, www.stahlratte.de nach Panama.
Kosten von 635,-€ bzw. 820 USD. fielen hierfür an, es beinhaltet eine 4-tägige Karibik Segeltörn Fahrt mit Zwischenstopp für ein Tag auf den San Blas Inseln.

Zentralamerika

Panama, Costa Rica, Nicaragua, Honduras, El Salvador, Guatemala, Belize

Der geschriebene verkürzte Text hierzu kommt aus meinen Landkarten Einträgen und noch vorhandenen Erinnerungen, die mit Fotos verbunden sind. Es liegen auf verhältnismäßig kleinem Raum sieben aneinander gereihte Länder, die sich irgendwie alle ähneln und sehr stark überbevölkert sind, manchmal sind es nur wie in Honduras ein Tag der Ein und auch wieder Ausreise, sonst etwa 1 bis max. 2 Wochen, in denen man sich dort aufgehalten hat, ab Mexico sieht das wieder anders aus, da es ein riesiges Land ist.

Es kamen in Cartagena zur Segeltörn Fahrt nach Panama etwa 20 Personen zusammen, Backpacker und weitere Motorradfahrer, etwa 10 Stück, aus aller Welt, wie Deutschland, Australien, USA, Finnland, Canada usw.
Die Kräder wurden beim Zoll abgemeldet und die Ausreise Formalitäten vom Kapitän der Stahlratte erledigt.
Jedes Krad wurde einzeln im Schlauchboot hinüber geschifft, das Gepäck dann zum Schluss in mehreren Fahrten, man kam da ein Haufen Zeugs zusammen, alles wurde an Bord verstaut und die Kräder verzurrt und gegen Salzwasser mit Planen eingewickelt. Die ersten 30 Stunden außerhalb des Hafens waren sehr wellig, viele waren seekrank und hingen über der Reling, ich habe mich in meiner Koje abgelegt und war froh zu liegen, ohne mich zu übergeben.
Am anderen Tag den 16.02.2012 wurden wir von einem US-Militärschiff verfolgt, die drehten dann ab, vermutlich weil sie gesehen haben, durch ihre Fernrohre das wir Touristen sind und keine Drogenschmuggler.
Wir ankerten für 1 Tag und Nacht zwischen zwei Inseln in der Karibik, die San Blas Inseln, kleine, der Küste vorgelagerte Inseln und ruhiges Wasser ohne Wellen. Jana die Berlinerin mit Trans Alp hatte Geburtstag. Wir feierten auf einer Insel mit Grillen, Gitarrenmusik, Kuchen, lecker Essen in dem Paradies mit Schnorcheln, Schwimmern relaxen und nichts tun, alle genossen es.

Willkommen in Panama,

75.420 km² groß, 4 Millionen Einwohner, die letzten Stunden auf der Stahlratte wurde mit abladen der Kräder und Gepäck verbracht, im Hafen Puerto Barsukun war großes Gedränge, man ließ unser Segelschiff nicht am Kai, anlegen, die wollten wohl sehr viel Geld dafür. Ludwig der Kapitän entschied dann das wir vom Segelschiff aus in ein größeres kurzfristig gemietetes Holzboot entladen, dort passten mehrere Kräder gleichzeitig rein, einladen mit dem Bootskran, entladen am Kai per Hand, vier Ecken vier Mann, alles klappte ohne Tauchgang einwandfrei. Es dauerte mehrere Stunden, bis alles entladen und aufgerödelt war. Wir entschlossen uns zusammen mit mehreren Krädern gemeinsam die 150km über die Panamericana durch den Dschungel nach Panama City zu fahren, schmale sehr kurvenreiche Strecken mit wenig Verkehr. Wir schafften es auch noch soeben die Zollformalitäten nach aufwendigen suchen der Örtlichkeit nahe dem Flughafen zu erledigen.

Glück hatten wir, es war Karneval La Rumba Jumbo, tagelang ist Feiertag und alles geschlossen. Die Unterkunftssuche klappte einwandfrei, mit 7 Bikern bezogen wir mehrere Zimmer und bleiben 2 Tage zusammen, die wir mit Stadtbesichtigung, aktive und passive Teilnahme am Karneval La Rumba Jumbo und besichtigen einer Schleuse des Panama Kanals, den wir mit den Bikes auch hinterher überfahren verbrachten. Nette Stadt, Panama City, alt und neu vereint sich, zudem angenehmes Klima, tropisch halt. Aufbruchstimmung, ich schloss mich den Berlinern an, alle mit Trans Alp unterwegs an, die wollten auch in die USA. Von Panama City ging es über El Valle auf 1000m Höhenmetern, nach Boquete weiter, angenehm von den Temperaturen her. Ruhetag, Roman einer der Berliner besteigt den Vulkan Baru, ich bevorzugte mit Jana und Patrick eine Kaffeeplantage samt Rösten und Verköstigung zu besuchen, ein entspannter Tag mit Milchshake, kleiner Ausfahrt und abends Bier trinken verbracht.

Weiter ging es nach Changuinola, ca. 250Km in den Bergen wieder zur Karibikküste zurück, kurz vor der Grenze zu Costa Rica. Aus finanziellen Gründen haben wir meist ein günstiges Vierbettzimmer zusammengenommen und alles geteilt, so kam jeder günstiger weg. In Panama fuhren wir insgesamt etwa 1000km bis zur Grenze Costa Ricas, nahe Sixaola, 4 Stunden Grenzformalitäten warteten auf uns, Panama wollte uns nicht ziehen lassen, 5 USD Ausreisegebühr, man klebte auch eine Marke in den Reisepass, keine Ahnung wozu dies war.

Costa Rica,

heißt uns willkommen. 51,100 km², ca. 5,1Millionen Einwohner.4 Stunden Einreiseformalitäten, Kosten von 17,20 USD, dies beinhaltete eine 3 Monats Versicherung, Kopie vom Passbild und Einreise Motorradgebühr, ob das alles rechtens war, wer weiß, sind ja keine Unsummen dachten wir.
Sind heute nur 80km gefahren bis Cahuita, wurden fast von Affen überfallen und sind gleich in der Karibik baden gegangen, genießen den Strand und lassen uns von den „Caribean Vibes" treiben. Nach Deutschland sind nur 7 Stunden Zeitunterschied.
Die Strecke führte direkt an der Karibik entlang nach San Josecito,530 Jahre zuvor ist hier „Kolumbus" gelandet. Von den Finnen Ulla und Heikki BMW R1200 GS haben wir uns endgültig verabschiedet, die wollen stracks nach San Jose weiter, wir trafen uns unterwegs, Heikki musste in Panama sein Kardanwellen Schaden reparieren lassen, weshalb wir schon vorausfuhren. Hier Treffen wir Chris und Rodney, Vater und Sohn aus Canada mit 2 Suzuki V-Stroms wieder. Weiter geht es zum Vulkan Irazu, nachdem der Krater und See mit Wolken verdeckt war kommt doch noch die Sonne durch, wunderbare Sicht auf dieses Naturerlebnis bot sich uns allen.
In La Fortuna hatten wir dank Chris Freund ein Ferienhaus, fahren zum Vulkan Poas, der Krater mit dem Säuresee liegt leider total in den Wolken, man sieht nichts, weitere kurvige 200km, der angeblich seit einem Jahre schlafende Vulkan Arenal, von wegen schlafend, alles dampft und pufft, Lavaausstoß gibt es leider noch keinen, schließen den Tag mit dem Besuch einer Schlangenfarm ab. Von La Fortuna geht es weiter nach La Cruz, umfahren den See Lago Arenal, machen einen Kaffee Stopp an der „German Bakery" und fahren bis kurz vor Nicaragua weiter, genießen den Blick über die Pazifikbucht und am Abend ein Feuerwerk.
900km in Costa Rica gefahren.

Nicaragua,

die Ausreise von Costa Rica und Einreise nach Nicaragua verlief für Zentralamerikanische Verhältnisse komplikationslos.
Nicaragua, 130.370 km2 groß, etwa 6 Millionen Einwohner, die Einreise morgens war easy, keine Stunde.
Von LA Cruz aus geht es nach Lago Nicaragua, hier treffen wir wieder auf die Finnen Ulla und Heikki, GS 1200, so klein ist die Welt in Zentralamerika, man nimmt als Bike reisender fast immer dieselbe Route. Gemeinsam nehmen wir die Fähre zur Insel Ometepe und entspannen alle am Strand Santo Domingo. Tags darauf ist Ruhetag angesetzt, einige Wandern oder legen einen Bürotag mit Webseitenpflege ein. Janas Supertranse verliert vorne Luft und muss in die Ambulanz wie sie als angehende Ärztin meinte. So hat jeder seine Last zu tragen.
Am nächsten Tag war die Fährfahrt zurück zum Festland sehr stürmisch, ging aber alles gut, wir entschlossen uns durchzuheizen, 210km nach Granada, eine superschöne alte Kolonialstadt, mir fiel auf, dass hier viele Menschen auf Ihrer Veranda oder Gehsteig im Schaukelstuhl sitzen und schaukeln, gibt vermutlich einen kleinen Luftzug zum Abkühlen, in der tropischen Hitze hier.
Heute am 7.3.2012 in Puerto El Barquito/Las Penitas hatte jemand Geburtstag und es gab Kuchen und abends eine kleine Party, kann mich aber nicht mehr daran erinnern, wer dies von uns reisenden war. Managua umfuhren wir, besichtigen Leon Viejo, eine unter Vulkanasche freigelegte Kolonialstadt, machen noch einen Stopp in Leon, dann weiter zur Grenze Honduras, nach Somotillo, der letzte Tag in Nicaragua, 540km gefahren in etwa einer Woche.

Honduras,

112.090 km² groß, knapp 9 Millionen Einwohner.
Hier sind wir nur durchgereist, insgesamt 128km gefahren, die Einreise hat 2 Stunden gedauert,3 USD für die Person und 35,-USD fürs Motorrad, vermutlich Versicherung und Straßenbenutzungsgebühr, war uns alle nicht verständlich, hier liefen auch viele Schlepper und Nepper herum, die gegen Bezahlung behilflich sein wollten. Was wir aber nicht in Anspruch nahmen, wegen Abzockerei. Hier verabschieden sich Chris und Rodney mit ihren V-Storms aus Canada von uns, nachdem wir noch gemeinsam die Grenze zu El Salvador durchlaufen haben.
In Honduras sind wir nur wegen den Maya Ruinen von San Jose De Copan eingereist, um uns diese anzusehen, die sehr sehenswert sind. Einige sind teils restauriert, die anderen so erhalten wie vorgefunden, der Abstecher und Grenzdurchlauf lohnte sich.
In schneller Fahrt ging es zurück nach Chiquimula.

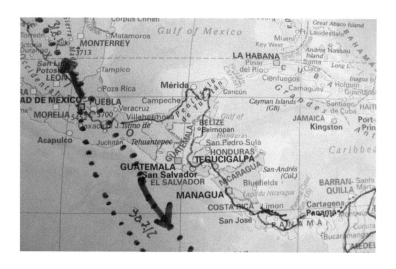

El Salvador,

flächenmäßig kleinstes Land in Zentralamerika mit 21.041km2 aber trotzdem 6.2 Millionen Einwohner.
Die Einreise direkt an der Grenze hat nur eine halbe Stunde gedauert, der Zoll war 5 Kilometer linke Seite weiter, GPS-Koordinaten N 13°34.957 W 87°47.815 und dauerte 2 Stunden, es war aber alles kostenlos. Fahrstrecke in diesem Land auch nur 690 Kilometer.
Es ging von Somotillo, Richtung Westen immer am Pazifik entlang, teils konnte man etwas Steilküste sehen, Playa Esteron und Playa Dorada war unsere erste Tagesetappe, hier genossen wir den endlosen pazifischen Ozean, um in der Hängematte zu schaukeln und den Reiseführer zu studieren und zwischendurch eine Kokosnuss zu schlürfen. Ach kann das Leben schön sein, dachte ich mal wieder.
Wir machten noch einen Abstecher durch das herrliche Bergpanorama in El Salvator am Lago De Coatepeque, haben zahlreiche Vulkane passiert, u.a. auch den Santa Ana Vulkan, der zuletzt 2005 ausgebrochen ist.
Die Ausgrabungsstätte Tazumal war leider geschlossen, wir konnten aber von außerhalb, durch den Zaun trotzdem die Maya Pyramiden fotografieren.
Nach knapp einer Woche haben wir die Grenzstadt Ahuachapan erreicht und wollen am anderen Tag nach Guatemala einreisen.

Guatemala,

108.889 km2 groß,15.5 Millionen Einwohner, gesamt 1353 Fahrkilometer. Die Ausreise von El Salvator war die schnellste überhaupt, hat 10 Minuten gedauert, die Einreise nach Guatemala 1,5 Stunden und Kosten von 21USD incl. Label pro Motorrad. Schnurstracks ging es 220 Kilometer nach Antigua, unterwegs wahnsinnige Vulkanlandschaft und extreme Brandrodungen überall. Zwei Tage Ruhepause in dieser herrlichen Stadt mit etlichen Kirchen, wunderbarer Altstadt, Märkten und abends noch ein Jazzmusikfestival. Eine anspruchsvolle Kurvenreiche Strecke mit Flussdurchfahrten zum Lago Atitlan der von zahlreichen Vulkanen umgeben ist lag vor uns. Einige unternahmen Ausflüge mit dem Motorrad, Fahrradtouren und ich eine Bootstour mit Roman, den Finnen Ulla und Heikki. Weiter Richtung Guatemala City, wo wir unumgänglich kurz durchgefahren sind, dann folgen sehr Kurven intensive 300 Kilometer über Chiquimula zur Grenze von Honduras nach Copan, wo wir tags darauf mit den Bikes die Maya Ruinen besuchen wollen, hier verabschieden sich die Finnen Ulla und Heikki mit ihrer BMW R1200 GS endgültig von uns. Jetzt sind wir nur noch zu viert unterwegs, meine KLR 650 und 3 Trans Alp aus Berlin.

Von Chiquimula ging es im Stau auf beiden Seiten, Richtung Norden in die Berge 280km nach Lanquin, es wurde verkehrsberuhigter aber ging auch sehr steil bergab auf übler Schüttelpiste, Jana war fix und fertig erinnere ich mich noch, durchgerüttelt von ihrer Supertranse.

Zuerst machten wir in den Las Grutas de Lanquin Höhlenwanderungen, dann plantschen und badeten wir in den türkisfarbenen natürlichen Pools von Semuc Champey National Park.

Am 21.3.2012 auf dem Weg der 330km nach den Maya Ruinen von Tikal mache ich die **100.000km auf der KLR voll**. Welch ein erhabenes Gefühl mit einem Eintopf diese Kilometer Leistung gefahren zu haben, das als erster Besitzer und noch ist kein Ende in Sicht.

Tikal, Maya Ruinen, ob man die gesehen haben muss, ist eine andere Sache, aber die lagen auf dem Weg, warum also nicht, wer weiß, ob man jemals

wieder in seinem Leben hierherkommt. Vermutlich nicht.
Weiter geht's zur Grenze nach Belize, Guatemala ist für mich das angenehmste Land in Zentralamerika gewesen, Kosten annehmbar, nette Menschen und viel zu sehen gab es obendrein mit all den Vulkanen, Maya Ruinen und wunderbare historische Altstadt Viertel. Die Ausreise hat 3 USD gekostet und ging schnell von statten.

Belize,

22.966km² groß, zweitkleinste Land in Zentralamerika, aber nur ca. 500.000 Einwohner, die geringste Einwohnerzahl in Zentralamerika. Gesamtfahrkilometer 574, Kosten der Einreise von 15 USD für eine Versicherung über 7 Tage, die schnell von statten ging,210km später sind wir wieder an und in der Karibik, bei Hopkins. Ein deutscher Auswanderer bietet hier Unterkünfte an, dies sollte für 4 erholsame Tage reichen, Kosten pro Tag 10,-USD für die Unterkunft. Alle Verkehrsschilder sind in Englisch und die Währung heißt hier USD, ist dementsprechend teuer zu reisen. Abends unternahmen wir mit Führer eine Taschenlampen Safari, um Krokodile zu finden, entweder hatten die vor uns Angst und verschwanden, oder wir waren zu laut, haben nichts entdecken können. Roman seilte sich ab um eine Tauchexkursion im Barrier Reef zu unternehmen, Patrick surfte in echt, nicht nur virtuell, Jana relaxte und ich machte Büroarbeit und ein Termin für mein USA Visa in der Botschaft von Belmopan. Dies klappte zuvor in Guatemala nicht, weil ich den Termin verpasst habe, was als reisender manchmal nicht so einfach zu handhaben ist. Tags darauf setzte ich mich von den Berliner ab, eine Nacht in Belmopan verbracht und am anderen Tag mein Visum für die USA nach Termineinhaltung gegen 180 USD mit einer ausgestellten Gültigkeit für 10 Jahre erhalten. Alles paletti dachte ich. Da ich länger als drei Monate in den USA und Canada reisen wollte, brauchte ich ein längerfristiges Visum, welches man nur im Vorfeld der Einreise nach Termin persönlich bei der USA Botschaft erhält. Weiter Richtung Grenze zu Mexico, die Grenzstadt zuvor Corozal nutzte ich nochmals zum Übernachten, die Ausreise am Folgetag kostet 37,50 USD, dies beinhaltete auch eine Steuer für Flora Faunas (7,50 USD), alles hat etwa 20 Minuten gedauert.

Mexiko,

6-mal so groß wie Deutschland, knapp 2 Millionen km², hat 127 Millionen Einwohner. Gesamtfahrkilometer 6950 in ein Monat Aufenthalt, vom 30.3.12 bis 26.4.2012. Der Grenzdurchlauf war easy, hat etwa knapp eine Stunde gedauert, Kosten von 48,84 USD für Motorrad mit 180 Tagen Aufenthaltsrecht, zudem muss seit 2007 jeder Motorradeinreisende eine Kaution von 400,- USD zahlen, ab Baujahr 2002, die bei Ausreise wieder zurückerstattet wird. Mal sehen ob das auch klappt, dachte ich mir. Willkommen im Land der Sombreros, Tequilla, Ponchos sowie großem Drogenanbau und Bandenkriminalität. Vorweg ein kleines Resümee meinerseits.
Das Fahren in der Vierer Truppe macht echt Spaß. So, wie in Zentralamerika habe ich Mexico mit Jana, Patrick und Roman auf ihren TransAlps bereist.
Ja und meine Bergziege „Frieda" hat wacker durchgehalten. Obwohl ich mit den Transen und ihr Zweizylinder Power nur durch hartnäckiges Gas aufreißen und Windschatten fahren, dranbleiben konnte, speziell bei Bergauffahrten. Mein Ölverbrauch stieg auf beachtliche 1,3 Liter bei 1000 KM, allerdings bei über 4500 U/min. Vorab, ich habe es insgesamt 110.000Km bis Gary in Alabama geschafft, wo ein neuer Motor (3000,- USD) mit 13 Meilen von einer Unfallmaschine auf mich wartet.
Jana der Tour Manager und Kopf der Truppe, plante tagtäglich die Route. Ich schloss mich ihnen an und wollte auch nicht meine Meinung einfließen lassen, das hatte ich schon in Kolumbien klargemacht, obwohl man mich oft fragte und um meine Meinung bat.
Ich genoss es einfach ihnen hinterher zu fahren, mal andere Biker vor einem zu sehen, nach sechs Jahren Solo Reisen eine ganz angenehme Situation.
Patrick der GPS-Manager und in den Städten Vorfahrer hatte alles im Griff, außerhalb, fuhr dann oft Roman der Transen-Youngster vor und gab das Tempo an, mit angenehmen SPEED von etwa 80-100km/h ging es durch Mexico. Bumper, Geschwindigkeitsblocker vor und in Orten machten Janas tiefergelegte Transe mit Hauptständer durch Aufsetzer Probleme, aber sie meisterte es gut. Ich hatte einen harten Durchschlag und riss eine

Schraube meiner Unterbodenplatte ab, die Ölablassschraube blieb unbeschädigt.
In Mexiko fuhren wir von Belize ausreisend nach Yucatan am 30.3.12 ein. Kosten von etwa 50,- USD waren fällig und eine wieder Rückzahlbare Kaution von 400,- USD Baujahr abhängig, musste hinterlegt werden. Alles dauerte etwa 1 Stunde, also verdammt schnell, nette Beamte an der Grenze machten alles einfach und Jana wartete meistens draußen bei den Bikes als Security Guy. Obwohl wir / ich mich nie unsicher fühlte, entgegen vielen Aussagen von anderen Motorrad Reisenden.
In Tulum an der Küste traf ich wieder auf die Berliner Transalp Truppe, die Karibik mit schneeweißem Strand, glasklarem türkisfarbenen Wasser und die Tulum Maya Stätte sind es wert hier zu pausieren. Nach einem frühen Start haben wir in Valladolid eingecheckt und für 70 Autobahnkilometer 12 USD gezahlt, Wahnsinn. Cenotes sind unterirdische Süßwasservorkommen, Grotten, die wir aufsuchten und auch darin badeten, glasklares Wasser und angenehm kühl. Über Campeche nach Santa Elena nach Uxmal eine weitere bedeutende Maya Stätte in Yucatan. Es war heute mal bewölkt und wieder mit zahlreichen Bumper ging es „Hoppel die Boppel" über diese hinweg an den Golf von Mexiko.
Fahren heute nur 140km, um die Maya Stätte in Edzna zu besichtigen, im Dunkeln retour durch die schön beleuchtete Stadt mit Abkühlung im Supermarkt gegen Abend. 200km weiter mit extremer Schwüle nach Palenque nächste Maya Stätte, bis 10 Uhr morgens war es noch OK, danach spürte man die Schwüle des Golfs von Mexiko. Ab dem Bezirk „Tabasco" wurden die Straßen schlechter, die Motorräder wurden über eine Planke in die Hotel Lobby geschoben, dann die wohlverdiente Dusche. Es ist Osterzeit auch die Menschen in Mexiko haben Urlaub, noch vor der großen Hitze aber mit außerordentlich vielen Menschenmassen besichtigen wir die Maya Ruinen und Pyramiden von Palenque. Ein kurzer Fahrtag mit 180km folgte nach San Cristobal de Las Casas, die Strecke mit der gefühlt höchsten Bumper Rate in ganz Mexiko, abends hat uns noch ein Gewitterschauer auf unserer Veranda erwischt. 2 Ruhetage, mit Spazierengehen wie 1 Millionen andere

auch, Frühlings-Festumzug durch Zufall entdeckt und noch einen Stierkampf gesehen. Gefühlt 100 Kirchen besichtigt. Am Folgetag 100km raus aus den Bergen nach Chiapa de Corzo, für mich relaxter Nachmittag mit Schreibarbeit verbracht. Die Berliner unternahmen eine Speedbootfahrt im Canon del Sumidero.
Einer der längsten Fahrtage von Chiapa del Corzo nach Oaxaca. 8 Uhr los 17.40 angekommen, 560km, 9,6 Stunden und nur 30 Minuten Pause. Autobahn Abschnitte mit Maut von 9,-€ für 150 km. Unterwegs am Golfo de Tehuantepec hat es uns fast weggeblasen, extrem starker Wind. Hier ist Mexikos engste Stelle zwischen Pazifik und dem mexikanischen Golf.
Ich hatte massiv Probleme mit den Mautstellen und der Ticketausgabe, musste mehrmals vor und zurück damit die Schranke öffnet und ein Ticket aus dem Automaten herauskam, mehrmals bekam ich nur ein Zettel mit Mautstelle per Hand drauf geschrieben, bei den ersten drei Mopeds kein Problem, vermutlich war der Kasten irritiert, weil so viel Motorräder nicht hintereinander hier durch kommen. Hier verabschieden wir uns auch von Zentralamerika, jetzt bewegen wir uns auf den Nordamerikanischen Kontinent.
Das Museo de las Culturas de Oaxaca hat uns alle beeindruckt, nun sind wir Experten der Mayakultur im mexikanischen Raum, Monte Alban, Mitla-Yagul wurden auch besichtigt, es kann niemand behaupten das Reisende Kulturbanausen sind, wir schon gar nicht. Es soll ein Erdbeben stattgefunden haben erfuhren wir, haben selber aber nichts davon mitbekommen, vermutlich sind wir mit den Motorrädern gefahren und haben die Erschütterungen dadurch nicht mitbekommen.
In Yucatan schauten wir uns viele Inka Ruinen und Tempel an, wie Uxmal, Edzna, Palenque etc. Langsam ging es dann Richtung Norden, über Chiapa de Chorzo, Oaxaca, Cuautla, Taxco, nach Mexico City zu einer der größten Pyramiden in Teothihuacan. Wir umfuhren Mexico City weitläufig, wollten schließlich nicht das unsere treuen Gefährten einen Hitzetod im Stopp and Go Verkehr sterben.
Von Oaxca nach Cuautla, 414km durch die Sierra Madre, tolle Farben-

pracht der Landschaft unterwegs. Am nächsten Morgen hat Janas Supertranse einen Platten, die Ursache konnte nicht gefunden werden, die Maya Ruinenstätte Xochicalco, nach Taxco, Maya Pyramide mit acht gefiederten Schlangen als Relief, einmalig, gibt es sonst nirgendwo anders in Mexico. Geparkt haben wir diesmal in einen Blumenladen. Stadt-Besichtigung in Taxco einer alten historischen Silberstadt, mit sehr viel PKW-Verkehr, allerdings extrem viele VW Käfer, die nett anzuschauen waren. Nach einer steilen Auffahrt eines Berges bei Taxco mit weiter Fernsicht ging es mit weiteren Abstechern zu den Vulkanen Iztaccihuatl und Popocatepetl der kurz nach unserem Besuch auch ausbrach mit Rumoren und Beben mit riesiger Rauchwolke. Teotihuacan sollte die nächste Etappe sein, 300km entfernt. Hier gibt es die größten Maya Pyramiden Mexikos. Mexiko City haben wir gestreift, näher sollte uns diese 20 Millionen Metropole auch nicht kommen, obwohl es hier Verkehrsregeln gibt, die auch akzeptiert werden. Ich komme im weiteren Verlauf meiner Reise nochmals nach Mexico, von Canada aus, um mit meiner Reisebekannten Traute Rose Mexico City intensiver zu bereisen als normaler Flugtourist.
Teotihuacan mit seinen imposanten Maya Pyramiden, Paläste, Reliefs, Malereien, sehr beeindruckend und lohnenswert, ein Muss für Mexiko Reisende, gefühlte 20km gelaufen heute. Kurzer Fahrtag,100km bis nach Tula, auf 2300m gelegen, recht frisch hier oben, Tula ist unsere letzte archäologische Stätte der Maya Kultur, der Popocatepetl Vulkan war bis hier zu sehen mit Dampf und Aschewolke, Glück gehabt dachten wir, da wir tags zuvor bis zur Straßensperre hinaufgefahren sind, hatte da auch schon sehr stark gegrummelt und gedonnert.
Abends waren wir bei einem Zahnarzt und seiner Familie eingeladen, mit Tequilla, Livemusik und Lasso Show, ein sehr schöner Abend mit sehr netten Leuten.300 km weiter mit 12,-€ Maut für 175km sind wir in Guanajuato, einer alten Minenstadt, wo man im Kreis hinauf in einem Tunnel fährt, ähnlich wie die Parkhäuser, nur dieser war mitten im Berg gebaut, Wahnsinn, so etwas hatte ich weltweit noch nie gesehen, geschweige denn befahren. Es ist eine urige Stadt und dank ihrer Uni mit viel jungen Menschen be-

wohnt, auf dem zentralen Platz, Plaza de Armas haben am Abend überwiegend nur die ältere Generation getanzt, was nett anzusehen war. Hier gibt es im Museum die kleinste Mumie der Welt zu bestaunen, diese ist nur 20cm groß.
In Guanojuato wurde mir mein Kennzeichen von „Frieda" abgeschraubt, ich sah aus der Ferne wie jemand sich an dieser zu schaffen machte und kam gerade rechtzeitig, um dieser weiblichen Person mein Kennzeichen aus der Hand zu reißen. Jana kam mir zur Hilfe, aber die Situation hatte sich entschärft, man gab mir zu verstehen, dass mein Bike im Halteverbot stand, einige einheimische PKW hinter mir allerdings auch, nur die blieben unbeschadet. Typischer Touri Nepp dachte ich mir. Da die Frau mir meine Edelstahlschrauben nicht zurück gab fuhr ich vorerst ohne Kennzeichen durch die Gegend.
Parkraum war wenig bemessen und so parkten wir unsere Bikes, wo Platz war, um nach Unterkunftspreise die Übernachtungslage zu checken.
Ich plante über den Barranca del Cobre - Copper Canyon, der im bergigen Inland liegt zu fahren, während die drei Transen die Küstenstrecke vorziehen würden, wir wollten uns weiter oben nach einigen Tagen wiedertreffen.
Am anderen Tag gesellten sich dann doch die drei Transen zu mir, um die Copper Canyon Gegend gemeinsam zu bereisen, es ist eine abgelegene Gegend und nur eine asphaltierte Straße führt hindurch, wo schon einige Überfälle auf Reisende, auch Biker verübt worden sind. Sie meinten als meine Eskorte mitkommen zu wollen, eine nette Geste, es war auch eine schöne Strecke für Biker, teils oftmals zu kurvig, weil man nicht schnell fahren konnte.
Wieder gemeinsam vereint fuhr unsere Vierer Truppe durch die traumhafte Gegend und umging somit auch die teure Straßenmaut entlang der Küstenstrecke. 1400km trennten uns noch von Copper Canyon, Sombrerete in 435 km
Entfernung, heute überquerten wir den Wendekreis des Krebses und verlassen die tropische Klimazone, wir kommen in einer Westernstadt mit Westernlandschaft an, heute wieder 19€ Maut für 200 km berappt, ab jetzt gibt es keine Mautstraßen mehr.

Kilometer fressen ist angesagt, Hidalgo del Parral,540km top Asphalt und Landschaft, Prärie artig und eine weitere Zeitumstellung – 8 Stunden zur deutschen Zeit. Morgen soll es durch den Barranca del Cobre - Copper Canyon gehen zur Westernstadt Creel.550 km kurvenreiche super eindrucksvolle Strecke, super Aussichtspunkte in den Canyon, der tiefer als der Grand Canyon in den USA ist und mindestens genauso eindrucksvoll oder gar mehr, mit kaum Touristen, wir waren fast alleine an den Aussichtspunkten mit Glasboden.

Roman und ich trennten uns zwei Tage vorher von Jana und Patrick, weil wir vorausfahren um in Hermosillo 435km durch die Siera Madre hinein ins heiße Tiefland entfernt, neue Reifen und Ölwechsel an den treuen Bikes machen wollten.

Alles klappte gut, Reifen waren schnell gefunden und auf dem Rückweg vom Reifenshop zur Unterkunft erwischte ich ein glasiges Spiegelglattes Stück Asphalt in einer Kurve wo meine Frieda einen 180 Grad Dreher mit 25km/h hinlegte, den ich nicht unbeschadet mit meinen Trekkingsandalen und Hautabschürfungen am rechten Fuß und linken schlimmen Bein hinlegte. Wollte ich doch erst meine halbhohen Bikeboots anziehen, aber bei 40 Grad Hitze fuhr ich leichtsinnigerweise mit den Latschen und bekam die Strafe dafür.

Zwei Wochen humpelte ich durch die Gegend und die Hautabschürfung am linken Schienbein dauert heute noch an, 6 Wochen später habe ich eine nicht heilende offene Wunde dort.

Jana und Patrick kamen einen Tag nach uns in Hermosillo an, eine letzte gemeinsame Nacht und Abendessen zusammen, ich entschloss mich dazu mich von ihnen zu trennen. Nicht weil ich sie leid war, wir waren eine tolle Truppe, sondern meine „Frieda" mit einem neuen Motor in Alabama versehen wollte.

Ich habe ein wenig Zeitdruck, weil ich Alaska hinter mir bringen will und Ende Juli in Vancouver sein muss um Traute, meine Reisebegleiterin in Equador wiedertreffen möchte, zur Hochzeit ihres Sohnes und dann weiter gemeinsam nach Mexico City zu fliegen mit Sightseeing.

Jana, Patrick und Roman wollen in die Grand Canyon Gegend und einige weitere Nationalparks bereisen, dies werde ich auf meinem Rückweg im September, Oktober 2012 machen, mit weniger Zeitdruck. In allem war es eine gelungene, spaßige, gemeinsame, unterhaltungsvolle Reise in der Vierertruppe, ohne nennenswerte Zwischen oder Ausfälle. Ich folgte die Mautfreie Landroute 325 km nach dem Grenzübergang Agua Prieta in den USA. Wir alle mieden die busy Strecke über Noagles in die USA. Die Einreise war wirklich easy und außer ein paar übliche neugierige Fragen wie man so lange allein Reisen kann und die finanzielle Hintergrundfrage wer mich finanziert war ich ruck zuck in den Staaten. Keine Frage nach einer Kradversicherung, die ich zuvor umständlich online mäßig gekauft habe. Man wollte mein zuvor 2010 in Neuseeland ausgestelltes ESTA-Formular sehen, welches seinerzeit online ausgefüllt wurde, dieses war noch knapp 3 Monate gültig und mein Pass mit dem zuvor in Belize beantragten und ausgestellten Visa über 10 Jahre.

Hier ist keine vorläufige Einfuhrform für das Motorrad von Nöten, bei Landesgrenzeinreise.

Die Ausreise von Mexico dauerte nur 10 Minuten, die Rückerstattung der 400,-USD Kaution für das Motorrad wurde auf mein Visa Konto retour erstattet. Völlig easy und unbürokratisch, aber man hat meine Fahrgestellnummer vom Bike gründlich kontrolliert.

Welcome to the USA begrüßte mich der Beamte an der Grenze und wünschte mir einen guten Aufenthalt, aber dazu demnächst mehr, über den Aufenthalt in den USA.

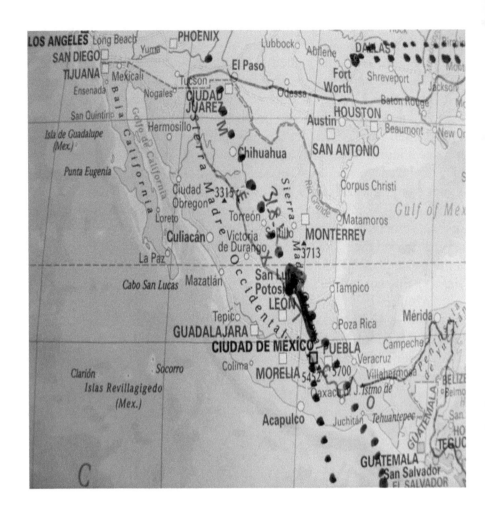

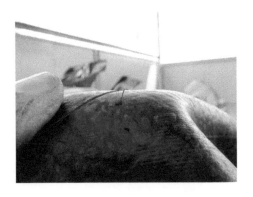

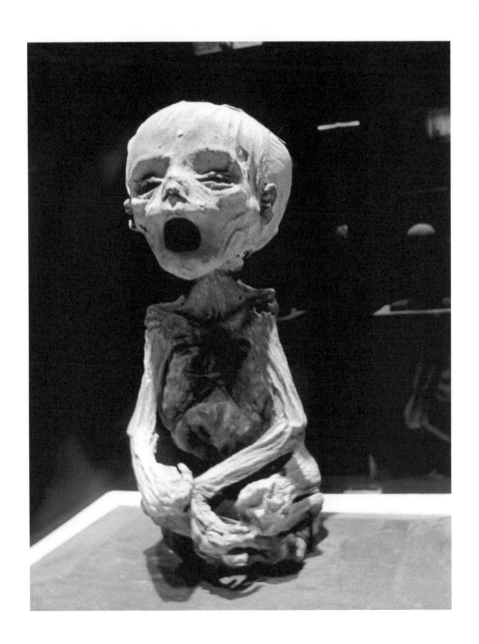

USA, Canada, Alaska

Agua Piedra war mein Einreise- Grenzübergang nach den USA von Mexico aus.
USA, 9.834.000 km² groß und etwa 316 Mill. Einwohner, entgegen allen Aussagen, dass man bei Landesgrenzen Querung keine Esta Form braucht, war es das Erste wonach ich gefragt wurde. Ich sagte darauf, dass ich ein Visum habe, „ohne Esta Form keine Einreise hieß es dann". Ich kramte meine damals schon in Neuseeland (2010) ausgefüllte Esta Form heraus und erstaunt stellten die Einreisebeamten fest, dass diese nur bis zum 21.7.12 gültig ist, aber ich Reise ja jetzt ein und wir haben den 26.4.12, das reicht dann ja noch und dazu noch ein gültiges Visum, was ich mir zuvor schon in Belize von dem Generalkonsulat dort habe geben lassen. Ruckzuck ging die Einreise, ohne Gepäckkontrolle, für das Bike ist nicht mal eine Form für die vorübergehende Einfuhr und Gebrauch meiner „Frieda" von Nöten. Auch entgegen allen Infos über die Landeinreise in den USA ging alles viel einfacher und reibungsloser über die Bühne wie ich es mir im Vorfeld schon länger in Gedanken vorgestellt habe. Es war superheißes Wetter der Schweiß lief in Strömen, nun ging es von Arizona durch New Mexico, Texas, Louisiana, Mississippi nach Alabama zu Gary, ein US-Biker, den ich 2010 Dezember in Argentinien auf dem HU-Motorrad Treffen kennen gelernt hatte. Durch Garys Hilfe, er hat mir eine verunfallte Kawasaki KLR 650 mit nur 13 Meilen auf dem Tacho bei einer Motorradversteigerungsauktion gekauft, 3000,- USD kostete diese. Meine errechneten Reparaturkosten an „Friedas" Motor hätten um die 2000,-Usd gekostet und dann wäre es immer noch ein Motor mit über 100.000km gewesen.
Es lagen nun 5000km vor mir durch einsame trockene Gegend mit viel Fahren und nichts sehen. Ich war erstaunt das es doch so teuer zum Reisen in den USA ist, Benzin die Gallone kostet knapp 3,60 USD, aber die Unterkünfte liegen um die 50,-Usd eine Person zahlt soviel wie zwei, etwas ungerecht, aber es gibt nur Doppelbetten und dort können eben 2 Personen unterkommen. Meine Reisebedingungen ändern sich nun etwas, ich versuche nun 2-3 Tage zu Zelten am dritten Tag dann immer ein Zimmer zu

finden. Backpacker und Hostel wie man es von Südamerika her kennt, gibt es im Land der unbegrenzten Möglichkeiten leider nicht, zu mindestens wo ich mich herumtreibe. Aber ein überaus großes Angebot an allem, Lebensmittelgeschäfte wo man einfach alles bekommt. Die Motorradläden sind auch sehr gut bestückt, nur in großen Bekleidungsgrößen hapert es auch dort ein wenig.

Also schlug ich mich so durch die einzelnen Bundesstaaten und habe durchweg freundliche Menschen getroffen, an den Tankstellen muss oftmals mit Kreditkarte oder Cash vorab bezahlt werden, das gab so einige Probleme, weil meine Visa Karte oftmals nicht anerkannt wurde. Es musste oft eine Postleitzahl eingegeben werden, die bei Ausländischen Karten nicht funzen. Einmal gab mir ein Ami eine kostenlose Tankfüllung von 18,-Usd, einfach so, weil ich mich ein wenig entrüstete über die Tankstellen in Texas, wegen dem aufwendigen Bezahlen und das hier wohl niemand mehr wem traut etc. Er schob seine Karte in den Tankautomat rein und ließ mich volltanken und verschwand in seinen BMW-Sportwagen.

So etwas erfreut mich dann wieder, am Anfang ist jedes neue Land ein wenig anders, hier ist jeder Bundesstaat anders und man lernt nie aus und wird immer wieder überrascht. Ich folgte eine Route die Gary schon selber gefahren ist, mit ein paar Sehenswürdigkeiten, die mich nicht umhauten. Die USA sind eben ein nicht allzu altes Land, vieles sind nur Ruinen und kaum der Rede wert dorthin zu fahren. Vielleicht habe ich schon einfach zu viel gesehen und empfinde das dann so.

Es lag eine Lange Weite Strecke vor mir mit geregelten Verkehrssystem und Rücksichtnahme auf den anderen Verkehrsteilnehmer, vieles ähnelt hier an Australien. Bei Gary angelangt legten wir gleich am anderen Tag los und zerlegten die Unfallmaschine in Einzelteile und tauschten alles meiner alten „Frieda", was schon 110.000km gelaufen hatte einfach gegen die Neuteile der Unfall KLR aus, sodass quasi nur mein alter Rahmen der alte geblieben ist und alles weitere Neuteile sind. Es dauerte einige Tage, zwischendurch wurde ich herumgeführt und bei dem Freundes- und Familienkreis bekannt gemacht. Die erste Probefahrt zur Jack Daniels Whiskey

Brennerei war erfolgreich, alle Schrauben wurden nachgezogen und ein Ölwechsel samt Filterelement vorgenommen. Danach fuhren wir Tage später zu einer der größten Motorradmuseen der Welt nach dem **„Barber Motorradmuseum"** nahe Birmingham etwa 300 km entfernt. Es war einmalig, hatte ich noch nie soviel Kräder und Unikate aller Epochen zusammen gesehen. Die Bergziege „Frieda" war nun für die Große Weiterfahrt fertig.
Es hieß Abschied nehmen von Garys Familie, inzwischen sind es 10 Tage geworden, die ich dort verweilte. Bei herrlichen Sonnenwetter, auf das ich extra noch einen Tag gewartet hatte, weil es zuvor stark regnete, ging es Richtung Washington DC. Ich wollte unbedingt das „Weiße Haus" sehen, dann weiter nach New York zu der Freiheitsstatue im Hafen und die Skyline von Manhattan mit den Wolkenkratzern. Viel Fahren und wieder nicht viel dazwischen zu sehen, die Städte mit ihren riesigen Kolonialgebäuden haben mich schon sehr beeindruckt und die Weiterfahrt zu den Niagarafällen ebenso. Hier geht viel Geld zum Übernachten weg, dies ist mir während der Reise immer wieder aufgefallen.
Bei den Niagara Wasserfällen war viel los, es war kanadischer Feiertag und alle waren hier drüben hatte ich das Gefühl. Die weltweit Drittgrößten Wasserfälle liegen zwischen den USA und Canada.

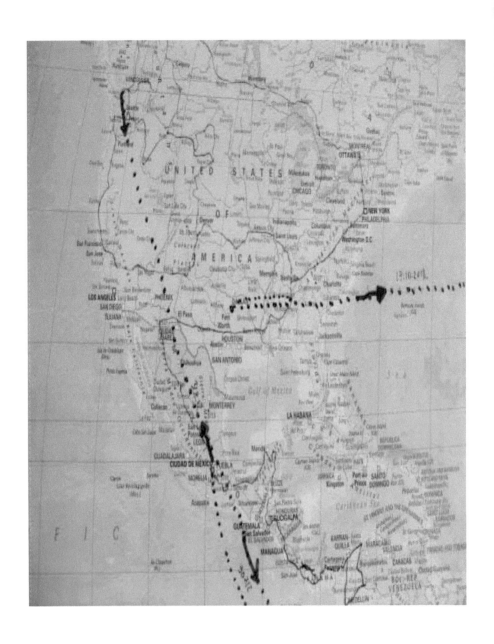

Canada

9.985.000 km² groß. 30 x größer wie der BRD, mit nur 37 Mill. Einwohner, hier wollte ich einen alten deutschen Kumpel, Markus besuchen, wir kennen uns von Afrika, aus den Dünnen in Tunesien, vor 10 Jahren haben wir uns zuletzt gesehen und er ist kurz danach wegen der Liebe nach Canada ausgewandert. Knappe zwei Wochen blieb ich bei Terry und Markus, wie ich inzwischen erfahren habe, hatten beide sich nach über 20 Ehejahren getrennt, so ist das Leben dachte ich, nachdem ich 2024 davon erfahren hatte, wie er seinen Bruder in Deutschland besuchte und wir telefonierten.

Hier konnte ich eine Wartung an der Bergziege durchführen, wir hatten viel unternommen, der Winter ist hier lang und die Sommertage gezählt. Markus zeigte mir den historischen Regierungssitz von Ottawa, wir waren mit Bekannten Angeln, Grillen und Bootfahren gemeinsam, eine nette Zeit. Das Wetter zeigte sich von seiner guten Seite, erst als ich wieder von dannen zog, folgte mir der Regen, Schneegestöber und Kälte unentwegt bis Alaska. Etwa 7000km bin ich bei äußerst ungemütlichem Wetter mit dem „Mopped" gefahren.

Mit ungemütlich meine ich Temperaturen von unter 10 Grad Celsius abgesehen von Feuchte, Regen und Kälte. Zelten war nach zwei Tagen Regen nicht mehr machbar, alles wird klamm und zieht in den Knochen. Überdachte Unterkünfte mussten her, die dementsprechend teuer sind, noch ein wenig mehr als in den USA. Für umgerechnet 60 kanadische Dollar findet man hin und wieder etwas. Es war der regenreichste und kälteste Mai, Juni und Juli seit Aufzeichnung der Tagestemperaturen, hieß es in den Presseberichten. „Na toll", dachte ich mir „und du mittendrin, statt nur dabei, typisch".

Es hat weggespülte Straßenabschnitte gegeben, weder süd- noch nordwärts konnte man fahren. In Watson Lake hing ich fünf Tage fest, weil es ebenso lange gedauert hat, bis die Straße repariert war. Die Lebensmittel wurden knapp, Alaska musste vom Flugzeug aus mit Gütern versorgt werden. „Frieda" läuft wieder einwandfrei und freut sich des Lebens so wie ich eben auch.

Die Tierwelt am Wegesrand war unbeschreiblich vielfältig, Schwarzbären, Grizzlys, Elche, Hirsche, Bison, Wapitihirsche, grasten am Wegesrand des späten Nachmittags und ließen sich nicht durch den Verkehr irritieren.

Der Winter lag noch nicht lange zurück und die Fettpolster mussten aufgebaut werden, Gras wuchs dort reichlich und bot allen Tieren ein willkommenes Fressen.

Hier fährt man durch Wälder und Schnur gerade Abschnitte, nicht um vorwärtszukommen, sondern um irgendwann mal etwas anderes als Grün, Bäume und dergleichen zu sehen.

Canada das Land der großen Entfernungen die Tage, nein wochenlang gleich aussehen, und trotzdem hat es hier eine stattliche Anzahl von deutschen Auswanderern hingezogen. Die das Leben in der Wildnis und Abgeschiedenheit mit extremen Wintern und Minustemperaturen, gegenüber Deutschland vorziehen. Viele haben sich ein Standbein in Form von Gasthäusern aufgebaut, um in den kurzen Sommermonaten soviel Geld zu machen, um damit den Rest des Jahres, etwa 8 Monate überbrücken zu können. Arbeitsplätze sind rar und viele wurden mit ausländischen Immigranten aus Indien, Pakistan, China und anderen Billiglohnländern der Erde besetzt.

Noch nie habe ich außerhalb Indiens irgendwo anders in der Welt, soviel Inder gesehen wie in Canada. Wowh, das hat mich doch sehr überrascht!

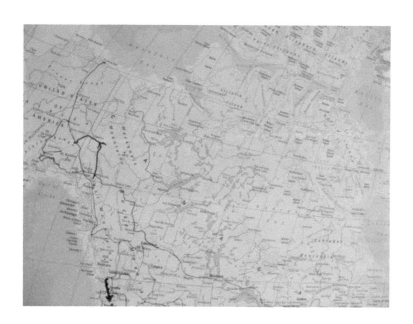

Alaska

1.733.000 km² groß und nur 730.000 Einwohner, Yukon ist Wildnis pur, ebenfalls Alaska, aber eben doch mehr besiedelt und kultiviert. Anchorage, Fairbanks die beiden größten Städte in Alaska, und Whitehorse im kanadischen Yukon sind extrem verschieden.
Ich war auf dem Weg zum nördlichsten befahrbaren Punkt von Nordamerika, Deadhorse an Prudhoe Bay gelegen. Noch knapp 500 Meilen (800 km) nördlich von Fairbanks. Ein Gebiet das voller Ölfelder und von den Ölgesellschaften der Welt belagert wurde. In manchen Gebieten kann man nur im Winter hin, weil dann alles gefroren ist und die Trucks mit den Materialien über den zugefrorenen Seen, Flüssen Fahren können.
Etwa 5000 Menschen leben dort, davon 500 Bewohner, der Rest Arbeiter. Tausende von Motorradfahrern aus aller Welt zieht es zu diesem Punkt, etwa in der Zeit von Mai bis Ende Juli, dann ist Schluss mit lustig und der Winter kehrt langsam retour. Nur um damit zu protzen ich war dort. Am nördlichsten Punkt Amerikas, ein langer einsamer, langweiliger Weg, den man genauso retour fährt wie hin. Eine Sackgasse, 1500km hin und zurück. Ich gehöre ebenfalls dazu, aber ich war auch am südlichsten Punkt Amerikas in Ushuaia, Südargentinien und es war ein „Biker to do", ebenfalls am nördlichsten Punkt anzukommen!
Wochenlang ging es dieselbe Strecke retour in den USA, Ende Juli war ich für ein Monat mit Traute-Rose, meiner Reisebegleiterin aus Brasilien, diesmal in Südamerika, Ecuador (ihr Sohn Johannes, heiratete dort seine Nati) und Mexico verabredet. Vancouver war meine Zwischenstation für die Bergziege "Frieda", die hatte nun endlich mal 4 Wochen Urlaub am Stück, ebenfalls ich, um mich von den Reisestrapazen der letzten Monate zu erholen.

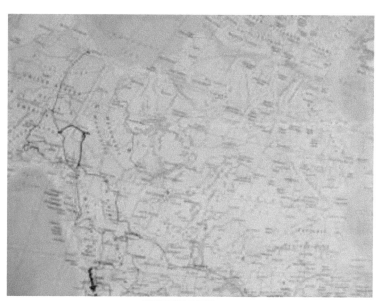

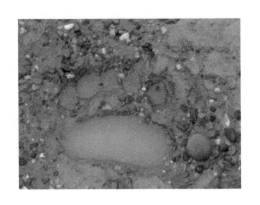

Canada

Frieda wurde bei Gerlinde und John in Abottsford, nahe Vancouver untergestellt, diese Möglichkeit wurde mir von Regina Schimanski aus dem Chaco in Paraguay geschaffen. Ihre Nichte lebt nämlich dort, vielen lieben Dank dafür. Es war gut einen trockenen Unterstellplatz, der zudem sicher war für meine treue Bergziege zu finden. Während der Zeit in Südamerika und Mexico habe ich mich richtig erholt und eine offene Wunde am linken Bein auskuriert und zudem dazu entschlossen, nach dem Reisen in Nordamerika, nach über sieben Jahren zurück nach Deutschland zu gehen.

Ende August bin ich von Mexico zurück nach Vancouver geflogen und habe 'Frieda" die vorher eine Inspektion, sowie Kettensatz und Reifen erhalten hat in Empfang zu nehmen und die letzte Etappe in den USA vom Westen zum Osten nach Alabama zu bereisen, durch fast allen Nationalparks, um letztendlich Frieda nach Deutschland zu verschiffen.

USA

nach Vancouver ging es schnell zu den USA, weil es dort ein wenig günstiger ist zu Reisen. Die Westküste runter, am Pazifik mit extremem Nebel verhangen. Aufsteigender Temperaturunterschied vom pazifischen Ozean. Etwa 20 Meilen, 32km von der Küste ins Landesinnere hinein war wieder 30 Grad plus und Sonne.
Ich fuhr ein Tag an der Küste, einen weiteren im Inland, bis ich nach San Francisco kam, die Golden Gate Bridge, ein weiterer Reisehöhepunkt, der mich positiv beeindruckte, von dort Richtung Osten nach Las Vegas in der Wüste zu dem Spielerparadies und dem Hooverdam.
Dann durch sämtliche Nationalparks wie Yosemite, Grand Canyon, Zion, Bryce, Canyonlands, Mesa Verde etc., diese waren alle ziemlich voll und die Campingplätze im September ausgebucht. Nicht so schön, weil ich mir dann immer einen Platz unter dem klaren Sternenhimmel suchen musste in den Nationalparks um frei zu Zelten. Trotz der Bärengefahr, nur ein einziges Mal, im Mesa Verde NP, habe ich einen Bären direkt neben meinem Zelt gehört um drei in der Früh. Ich wurde davon wach, er schnaubte und kratzte am Boden direkt neben meinem Helm im Zelt, ich schlug mehrfach an mein Visier und machte mich mit Geräuschen bemerkbar, dann hörte ich wie er schnellen Schrittes verschwand. Hatte einen ganz schönen Schrecken bekommen, es war das erste Mal, dass ich diese Situation hatte, die „Gott sei Dank" gut ausging.
Inzwischen bin ich schon 35.000 Km in den USA und Canada gefahren, oftmals muss ich bei 8000 Km den Hinterreifen wechseln, die Fahrbahnoberflächen hier sind teils sehr rau und kosten Gummibelag. Zumal meine "Frieda" vollbeladen ist und enormen Reifenabrieb mit sich bringt. Ein Fingernagel Gummicheck beim Reifenkauf erweist sich als hilfreich, manchmal muss ich aber das nehmen was da ist und meistens sind das sehr weiche Dunlop Reifen, die ich nicht mag.
Die letzten Monate waren ein wenig hastig und mit Eile verbunden, denn der Winter steht auch hier vor der Tür, der Herbst zeigt sich von seiner schönsten Seite, die Laubwälder stehen in prächtigen bunten Farbtönen da

und die touristischen Sehenswürdigkeiten, (Grand Canyon, Zion, Bryce, Canyonlands-NP und Mesa Verde etc.) waren im September noch alle sehr gut besucht, bzw. völlig überlaufen und die Campingplätze ausgebucht.
Vom Westen aus geht es langsam Richtung Osten nach Gary in Alabama, dort warten noch etliche KLR-Teile von der damaligen Unfall KLR dessen Motor ich brauchte, auf mich. Die sollen mit in derselben Kiste wie Frieda, die ich dann nach Hamburg verschiffe.
Seit Ende April bin ich in den USA und Canada unterwegs gewesen, sieben Monate. Kälte und Regen begleitete mich durch Canada, die USA mit viel Hitze und vollen Campingplätzen. Jetzt mit Herbst mit kühleren Temperaturen. Insgesamt legte ich dabei mehr wie 40.000 km zurück, Deadhorse an Prudhoe Bay gelegen war der nördlichste befahrbare Punkt in Nordamerika. Das war eines meiner Ziele auf der Tour, nachdem ich in Ushuaia, Argentinien den südlichste befahrbaren Punkt von Südamerika bereist habe. Es liegen Welten dazwischen und es hat mich volle zwei Jahre gekostet, um dies zu vollbringen.
Zufrieden, glücklich noch am Leben zu sein, kann ich nun behaupten das es seine Zeit braucht, um durch die Welt zu kommen, zumal ich auch viel gesehen habe. Manchmal zu viel des Guten, denn es war nicht immer leicht mit dem "Mopped" in den Ländern unterwegs zu sein. Gefährlich zudem, speziell auf den tausenden von Kilometern Piste, die ich leichtsinnigerweise alleine fuhr, weil sich kein Mitfahrer fand. Außer einigen Stürzen ist alles gutgegangen, die Motorräder haben mich nie wirklich im Stich gelassen. Vieles konnte ich selber Reparieren und war auf keine andere Hilfe angewiesen, so muss das sein. Meine altersschwache BMW hatte am Anfang ja schon eine beachtliche Kilometerleistung hinter sich, nun steht sie seid Australien in Deutschland bereit und wartet darauf wieder aufgebaut zu werden. Dies wird auch geschehen, denn ich denke daran mit dieser Zentralasien in etlichen Jahren zu bereisen, um die Weltumrundung vollständig zu machen. Das war mein Plan, inzwischen wurde die BMW verkauft.
Die Bergziege Frieda hab ich liebgewonnen und soll mich den Rest meines

Lebens in Deutschland begleiten, sie bekommt ihr Gnadenbrot von mir für die über 160.000 gefahrenen Kilometer.
Mit ihr bin ich letztendlich länger auf Reise gewesen wie mit der BMW. Es ist hier inzwischen wie in Deutschland der Herbst eingetreten und die Tagestemperaturen sowie das Tageslicht sind begrenzt, es wird früher dunkel und kälter. Ich befinde mich nun auf dem Weg Richtung Osten wo ich mein Motorrad aus verschiffen will nach Deutschland.
Ja ihr habt richtig gelesen, ich bin mit meiner Reise fertig, zumindest vorübergehend.

Alles hat ein Ende, meine Reise auch.
Ich freue mich schon riesig auf Deutschland, wirklich!
Das wird mich nach all den Jahren Abstinenz auch wieder um eine Reiseerfahrung reicher machen, denn vieles wird und hat sich geändert, da bin ich mal gespannt drauf.

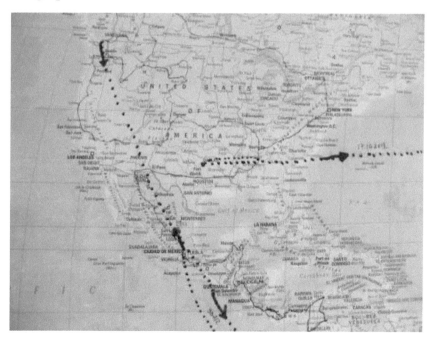

Nachtrag

Persönliche Empfindungen und Gedanken meiner langen Reise. Der Rückflug ist zum 17.10.2012 schon gebucht.
Nun ist es so weit, mit dem Ende des bereisen auf dem nordamerikanischen Kontinent, Canada sowie die USA mit Alaska.
Am 18.10.2012 betrete ich nach über 7,3 Jahren, besser gesagt 87 Monate oder 2600 Tage und mehr wie 300.000 zurück gelegte Kilometer deutschen Boden. Es ist vorerst vorbei, Zentralasien fehlt mir zwar noch, aber das wird in ein paar Jahren nachgeholt. Zuerst muss ich mir einen freien Kopf schaffen, indem ich alles verarbeite, geschätzt 1Million Fotos und Filmmaterial müssen aufbereitet werden, ebenso meine Gesundheit. Alles in allem war es eine Erlebnisreiche und oft freudige Zeit des Aufnehmens von noch nie gesehenem.
Dies muss jetzt erst alles verarbeitet und aufbereitet werden, unzähliges Foto und Filmmaterial liegt in Deutschland bei meinen Reisepaten Doris und Peter Tennigkeit in Rahden bereit. Vielen lieben Dank für all die Jahre der Verlässlichkeit auf euch, wenn ich etwas brauchte oder erledigt
    werden musste. Ebenso ein Dank an Wolfgang Schiedeck, inzwischen verstorben, möge er in Frieden ruhen, der mir viel mit Ersatzteilen und Versand behilflich war. Nicht zu vergessen mein Webmaster Jörg Freter, für die Gestaltung, Pflege und Aktualisierung meiner damaligen Webseite. Sowie all die anderen die mich bei der Reise unterstützt haben. Sei es die Sponsoren, die mich mit notwendigem Öl für die Kettenschmierung, (Scottoiler), oder Zündkerzen, (NGK), mit Helmersatzteile, (NOLAN), oder der Reise Know How Verlag aus Bielefeld mit Landkarten und nicht zu vergessen meine Espelkamper Heimatzeitung, die Neue Westfälische Zeitung mit regelmäßigen Berichten aus aller Welt von der Reise.
Für mich war es seid betreten des südamerikanischen Kontinents in Chile 2010 schon bewusst, dass wenn ich mit dem Reisen in Süd und Nordamerika fertig bin, wieder nach Deutschland zurückkehre.
Denn soweit ist alles bereist worden was machbar war, Zentralasien kann ich dann einfach wieder von Deutschland aus bereisen, ohne mein Motorrad verschiffen zu müssen.

Meine Arbeitseinsätze in Australien, Neuseeland, und letztendlich in Paraguay haben mir einen guten Einblick ins Berufsleben von anderen Ländern und Kulturen gezeigt.
Das es geplant war so lange unterwegs zu sein, muss ich verneinen. Unterwegs habe ich festgestellt, dass kein Arbeitgeber auf mich wartet und ich es genoss länger an einem Ort unter den Einheimischen zu verweilen und mich treiben zu lassen und so alles in mich aufnahm was es zu sehen und erleben gab. Ein schönes Gefühl, wenn man auf diese Art und Weise Reisen kann. Das Motorrad hat mich dabei immer in die richtige Gegend gebracht, die oft mit normalen öffentlichen Verkehrsmitteln nur schwer zu bereisen gewesen wäre. Aufsehen habe ich damit natürlich auch erregt, denn in den Ländern wie Indien, Pakistan, Iran, Südostasien, etc. sind solche Motorräder nicht oder nur selten zu sehen.
Ob und wie ich mich selbst verändert habe, können letztendlich nur meine engeren Freunde beurteilen. Da ich aber seit 2005 keinen körperlichen Kontakt mehr mit ihnen habe, wird es selbst für sie schwer sein ob und wie ich mich verändert habe zu erkennen. Ich für mich selbst aber stelle fest, dass ich viel ruhiger geworden bin, nicht mehr so schnell in die Luft gehe und alles nicht so eng sehe. Aber auf Pünktlichkeit und Sauberkeit bei der Arbeit und im privaten Bereich großen Wert lege.
Da scheint sich nichts verändert zu haben, Arbeiten tue ich wie zuvor gerne, dass morgendliche frühe Aufstehen bereitet mir keine Probleme und ich freue mich riesig wieder ins Berufsleben in Deutschland einsteigen zu können, ich hoffe noch in diesem Jahr.
Zumindest ist es mein Bestreben.
Gesundheitlich muss ich mich komplett durchchecken lassen, ein Indianer kennt kein Schmerz und was uns nicht tötet macht einen nur härter, war und ist mein Leitspruch auf der Reise gewesen.
Ob ich einen Kulturschock in Deutschland bekomme, wird sich zeigen, vieles hat sich gesellschaftlich und örtlich verändert, da bin ich mir sicher und gespannt drauf. Der Liter Benzin in 2005 hat damals schon etwa 1,30 Eumel gekostet, der Bürokratismus war damals schon immens, daran kann sich nicht viel geändert haben, ich bin gespannt wie ein Flitzebogen, was da

alles auf mich zukommt.

Es ist fast so als wenn ich eine Grenze zu einem neuen Land überquere, da weiß man auch nie was auf einem zukommt, so empfinde ich zumindest, also warten wir ab, wie es mir wirklich ergehen wird.

Fotobeschreibung
Reihenfolge immer Oben | Mitte | Unten.
S. 11 Reiseverlauf, Band 1+2, Welttour
S. 15 Route Süd-Zentral und Nordamerika
S. 16 Route Südamerika
S. 35 Rodeo Show | Guanakos | Nationalmonument Bariloche, Argentinien
S. 36 San Francisco Pass Kalkablagerung | Asado | Hafen Valparaiso
S. 37 Panamericana Chile | Wintereinbruch Atacama | Agua Negra 4780m
S. 38 Altiplano 3800m | Schnapszahl 66.666,6 | Blick auf Pazifik
S. 39 endlose Kurven | Hand in der Wüste, Antofagasta | Asphalt auf 3500m
S. 40 Silicium Abbau Altiplano | Salzsee | Vulkanwelt auf Altiplano
S. 41 Dorfstraße | Kaktus Dachstuhl | Ampel warnt vor UV-Strahlung
S. 42 Peninsula Valdez Pinguine | versteinerte Bäume | pittoresker Vulkan Altiplano
S. 43 Textilien Basar, farbenprächtig | aktiver Vulkan | Bauerndorf in Anden
S. 44 Thermalquellen und Phillipes Gespann | Riesenkaktus | El Tatio Geysirfeld
S. 45 Blick auf Kupfermine | Strom Verteilung | Blick über Antofagasta
S. 46 Skulptur, Antofagasta | El Giganto, Erdzeichnung | Eingang Grube
S. 47 Frank Richter, Rila Feinkost Chile | Museum | bunte Flora
S. 48 Christo Monument, Lima | Grenze zu Peru | ein Bier auf neues Ritzel
S. 49 Kathedrale in Lima | NP Terra del Fuego | totes Lama
S. 50 NP die drei Sister | Asado im Restaurant | Punta Moreno Gletscher
S. 51 Holzbrücke | Eduardo-Phillipe-ich in Garage | grandioser Wasserfall
S. 52 Vulcan Villarica | Rinder queren Piste | Gaucho und Schaftrieb
S. 53 Gaucho bei Arbeit | Trockenheit | nicht alle schaffen es, Skelett
S. 54 Kalksandstein | Mitas E07 hält noch 8000km | Condor im Flug
S. 55 Felsformation | Gaucho sammelt Feuerholz | Nachtlager
S. 56 Condor über Anden | gutes Abendessen | Scottoiler Ölung geht
S. 57 Felgenriss bei Punzungen | neugierige Kinder | Heizgriff Kabelriss
S. 58 Früchte + Gemüse Shop | Erdöl o. Gasbohrung | Verkehrsgeschehen
S. 59 Windrad zur Wasserförderung | Gauchos beim Rodeo | Asado

S. 69 Ortshinweisschild im Chaco, Paraguay, deutsche Kolonien
S. 70 Zapfsäulen | Jimmy auf Trinkwasserbohrung | Ritzel + Kettentausch
S. 71 Chaco Rallye | Grenzfluss Paraguay-Bolivien, Alligator | Radumbau
S. 72 Kathedrale in Asuncion | Riesentukan | Prost, Bierdosen in Paraguay
S. 73 Wasserfälle Iguazú | Hydrowasserwerk | Jesuiten Kloster Ruinen
S. 74 Echsen Stadtpark | Hauptkirche in Brasilia | nächtliches Tanzen
S. 75 Regierungssitz Brasilia | Blick zum Atlantik | Kathedrale
S. 76 Mülldeponie, Brasilien | Kirche innen | Altstadt Salvador De Bahia
S. 77 NP Shapatia De Diamantia | Wanderung durch Höhle | Verkäufer
S. 78 Altreifen Stuhl | Aufzucht Schildkröten | Walskelett, Bahia
S. 79 Schildkröte | Mexico City | Engel der Unabhängigkeit, ähnlich Berlin
S. 80 Gebirgswelt der Anden | Wintereinbruch in Bolivien | Schwerlast
S. 81 4000m + Bolivien | Flamingos im Salzsee | Dampflok Friedhof
S. 82 Rote Lagune+ Flamingos | Sandpiste | Steinbaum in Bolivien
S. 83 Sturz wegen Spurrinne | gute Piste in Bolivien | Gewürze aller Art
S. 84 Salz Salar De Uyuni | Riesenkakteen | nächtl. Rundgang, Bolivien
S. 85 Salar De Uyuni, größter Salzsee | Kathedrale bei Nacht | Verkäufer
S. 86 Asado auf Straße | Kakteen am Wegesrand | Salzsee de Uyuni
S. 87 Jesuiten Ruine, Paraguay | Salar De Uyuni | Turmtänzer in Brasilien
S. 94 grobe Strecke durch Südamerika, über 100.000km
S. 95 Erdzeichnung in Peru | alte Dampflok | Salonwagen aus 18 Jahrhundert
S. 96 Lecker, Konditorei | Gaucho auf Weg zum Markt | 100 Jahre Kaktus
S. 97 Nordchile Wüsten Monumente | Opfer Altar, Titicacasee | Reet Boot
S. 98 Lima, Peru | Dampfschiff Titicacasee | Camping mit Abendessen
S. 99 Erdzeichnungen | Willkommen am Titicacasee | Friedhof, Altiplano
S. 100 Friedhof Minenarbeiter | Copacabana, Titicacasee | Landschaft
S. 101 Schnapszahl 88.888,8km | Lima, Kathedrale bei Nacht | Vulkanblick
S. 102 Konditorei | Bergziege Wasserkühler Reparatur | Blick aus Fenster
S. 103 Pazifik Strand, Peru | Blick auf Lima | Cannabis Anbau
S. 104 Mauer mit Glasscherben | Jesu Monument | Staatszeremonie, Quito
S. 105 Staatsgarde | Regierungsversammlung | Äquator Linie, Monument
S. 106 delik. Meerschwein gegrillt, Ecuador | Maja Ruinen | Fischer

S. 107 Maja Kultstätte, Ecuador | Quito bei Nacht | nobles Geschäft
S. 116 Verladen | Sammelstelle für Panama | Gummiboot zur Stahlratte
S. 117 San Blas Inseln | Grenze zu Kolumbien | Motorräder mautfrei
S. 118 Blick über Mendoza | Motorradtaxi auf Schienen | bemalte Fassade
S. 119 Kolumbien, Fischmarkt | Reifen neu | Camping am Karibikstrand
S. 120 Schlammvulkan, Venezuela | Dreimaster | Cartagena Altstadt
S. 121 Festung Cartagena | Altstadt | Altstadt Cartagena mit Touristen
S. 122 Cartagenas Stadtsymbole | Lastenmotorrad | Stahlratte, Zweimaster
S. 123 Nockenwellen Kettentausch | Blick von Festung | Abendstimmung
S. 124 Verschiffung 8 Motorräder | zur Stahlratte | Salzwasserfest verpackt
S. 125 Hafen Madonna Cartagena | Geburtstagsparty | San Blas Karibik
S. 126 Zentralamerika Landkarte und Streckenverlauf
S. 127 Kuchenbüfett auf Stahlratte für Jana
S. 129 Transport zum Festland, Panama | entladen BMW R 1200 GS
S. 130 Hafenmole | Straßenschäden in Panama | San Blas Insel, Prost
S. 131 Patrick + ich | Skyline Panama City | Platz der Freiheit, Panama
S. 132 Warntafel Hundebesitzer | Panama Hut Stand | Karneval bei Nacht
S. 133 Motorräder Betankung | Panama Kanal | Schleuse am Panama Kanal
S. 134 Panamakanal Brücke | Dschungel | Grenzbrücke zu Costa Rica
S. 135 Brücke nach Costa Rica | Costa Rica erreicht | Grad Kaffeeröstung
S. 137 reger Grenzverkehr | LKW aus Costa Rica | Grenzkontrolle
S. 138 Desinfektion der Motorräder | Geldautomat | Rasur und Haarschnitt
S. 139 Kennzeichen Costa Rica | Vulkanblick | Papagei in Gefangenschaft
S. 140 Warntafel Faultier | Holzspielzeug | das Team
S. 141 Verkehrsgeschehen | Vulkansee säurehaltig | deutsche Bäckerei
S. 142 Vulkansee Irazu | Irazuvulkan | NP Irazu
S. 144 Es lebe die Revolution | Abendessen | Fassade aus Kolonialzeit
S. 145 Janas Super Transe verliert Luft | spielende Kinder | Kolonialzeit
S.146 LKW-Profil wird überbewertet | Hello Mister | riesiger Vollmond
S. 147 Machete zum Holzsammeln | Sturmschäden | Restaurant
S. 148 Militärmacht | Tagesgeschehen | Vulkan Irazu
S. 149 Karte Strecke durch Mittelamerika
S. 150 Kennzeichen Honduras | Zoll von Honduras | Immigration Honduras

S. 151 Grenzbeamter | staubige Ortsdurchfahrten | Buschfeuer voraus
S. 152 Stadtgeschehen in Honduras | Fischer mit Netz | Stau durch Viehtrieb
S. 153 Geldautomaten in Honduras | das Team | Feldarbeiter
S. 154 Yojoa See | Abfall Recycling | Copan Maya Tempel
S. 155 Feuerholz Sammler | Flora + Fauna in Honduras | einheimisches Taxi
S. 156 Grenzstadt | Grenze zu El Salvator | Goodbye Honduras
S. 158 Kennzeichen El Salvator | Grenzprozedur | Landschaft in El Salvador
S. 159 farbenprächtiger Basar | netter Ort | Gemüse Markttag
S. 160 Kirche am Plaza de Armas | Waschtag | einladender Innenhof
S. 161 Asado auf Straße | steile Ortsdurchfahrt | Straßenschäden
S. 162 Nomaden am Fluss | rechts oder geradeaus? | Lago de Coatepeque
S. 164 Kennzeichen Guatemala
S. 165 blühende Orchidee | Piste wird geebnet | Patricks Koffer abgerissen
S. 166 Abendessen | Tachostand 99.999,9 f. Einzylinder | Warntafel Jaguar
S. 167 Tikal Maya Stätte | Blick von oben auf Tikal | Ameisenbär
S. 168 Grenze zu Belize | Tikal NP Maya Stätte | farbenprächtiger Vogel
S. 170 Karte und Strecke Belize- Mittelamerika | Papagei | Fred
S. 171 deutsche Motorradreisende | Alligator bei Nachttour | Ruine
S. 172 Camping Karibikstrand | Taucherparadies | Blick auf Karibik
S. 180 Karte Strecke durch Mexico
S. 181 Yucatan KFZ Nr. | Teotihuacan Tempel | Turmseiltänzer in Tulum
S. 182 18. Jahrhundert Hotel Mexico City | Innenblick Hotel | Postgebäude
S. 183 Post inneres | Kaktus in Blüte, essbar | Teotihuacan Maya Stätte
S. 184 Museum Opferaltar | Grenze zu Yucatan | traditionelle Tracht
S. 185 Kirche am Wegesrand | Abendstimmung | Frühstück, buntes Allerlei
S. 186 Straßenmaut | Cenotes, unterirdische Wasserquelle | Maya Tempel
S. 187 Tulum Maya Ruinen | Fassadenmalerei | Plaza de Armas bei Nacht
S. 188 Gebäude ähnl. Brasilia | Maya Stätte | Luft für Biker
S. 189 Chitzen Itzna Tempel | Maya Kultstätte | mexikanische Cowboystiefel
S. 190 Regen nach langer Zeit | Getränke Kiosk | Trinkwasser Verkäufer

S. 191 Rathaus | Gewürze allerlei | blutiger Stierkampf in Mexico
S. 192 mexikanisches Krokodil | Kathedrale | Copan, Maya Ruine
S. 193 farbenprächtiger Käfer | Maya Relikt im Museum | Rathaus
S. 194 General Sherman Tree 31m Umfang | Zündkerze | Maya Ruine
S. 195 Maya Tempel | Baumsamen | Blick auf Kathedrale
S. 196 Vulkan Infotafel | Tehohuacan Maya Kultstätte | Maya Zeichnungen
S. 197 Sonnengott Pyramide | Verkehrsgeschehen | Backwaren
S. 198 Tunnel | Cooper Canon | Plattfuß hinten, Metalldraht eingefahren
S. 199 blühender Kaktus | Blick auf Stadt Tula | Grenze zu USA
S. 200 kleinste Mumie der Welt-Guanajuato, Fötus 20cm groß
S. 204 USA Karte und Strecke
S. 205 Freiheitsstatue, New York | Grand Canyon | Colorado River
S. 206 Arches NP | Monument | vom Krokodil erfasst
S. 207 Grand Canyon | Monument Valley | Camping Rocky Mountains
S. 208 alt und älter | Camping | jedem seinen Briefkasten
S. 209 Totem Poles, Marterpfähle | volle Campgrounds | Yellowstone NP
S. 210 Hirsche Yellowstone NP | Sahara Geysir NP | vier Präsidentenköpfe
S. 211 Las Vegas | Hoover Damm | Fred Feuerstein-Route 66
S. 212 Colorado River | Felsformation | Monument Valley
S. 213 Indianer Stadt | zerfallene Goldmine | Great Sanddunes NP
S. 214 Flugformation | Baumwolle Feld | Blick auf Rocky Mountains
S. 215 Tina Turner, Geburtsort | Grab Eltern + Bruder | Raketencenter
S. 216 Tankstelle Jack Daniels | Grenze USA | Unfall Harley Kauf
S. 217 Texas-Ölpumpen | Georg Barber im Gespräch | alte Felszeichnung
S. 218 KLAR-Umbau auf neuen Motor | Barber Museum | das Weiße Haus
S. 219 Capitol | New York City | Manhattan Skyline
S. 220 Gary Bikerkumpel-Versandkiste | Washington DC | Ölwechsel
S. 223 Karte und Strecke durch Canada | Ottawa Regierungssitz
S. 224 Markus und Freunde | Markus und Exfrau | Ritzel nach 12000km
S. 225 Niagara Wasserfälle von USA aus | Niagara Wasserfälle | Camping
S. 226 Moskito Einschläge | Schnapszahl | Moskitos groß wie Bienen
S. 227 Unwetter | Buschcamping im Bärengebiet | langer Tankzug
S. 229 Karte und Strecke in Alaska | Checkpoint Alaska | arktischer Kreis

S. 230 Dawson City Saloon | Shop in Goldgräber City | Checkpoint USA
S. 231 Dalton Highway | 400km kein Benzin | Tankstelle in Sicht
S. 232 Pipeline am Polarkreis | Grizzlybär unterwegs | Moschusochse
S. 233 vermutlich eingeschlafen | Hirschherde in Prärie | taghell um 23Uhr
S. 234 Bärenspur | Arktisches Meer | Prudhoe Bay, nördlichster Punkt
S. 235 wenig Bäume am Polarkrcis | Pistendreck | Kennzeichen Alaska
S. 236 Luftfilter dicht | Calgary-Rocky Mountains | Anchorage-Alaska
S. 237 Tankstelle im Outback | Überschwemmung | Unterkunft Air Force
S. 238 Raddampfer Casino am Klondike | Camping | Kennzeichen Yukon
S. 239 Karte und Strecke Canada
S. 240 Gletschersee Yukon | riesiger Gletscher | Glacier NP
S. 241 See mit Gletscher | grasende Bisonherde | Bison trottet über Straße
S. 242 Bison + Kalb | unglaubl. Bergwelt | grasender Hirsch +Warntafel
S. 243 Zeltausrüstung trocknen | Nationalfeiertag | altes Warenhaus
S. 244 Glacier NP | Achtung Bison voraus | bemalter Speichersilo
S. 247 Karte und Strecke USA bis Ende BRD
S. 248 Naturbrücke Arches NP | Kennzeichen USA | Monument Felswand
S. 249 Rapsfelder + Windenergie | Bärengebiet | Welcome to California
S. 250 Sahara Geysir | Hinweistafel NP | Willkommen in Kalifornien
S. 251 San Francisco Brücke | Dead Valley NP | Las Vegas bei Nacht
S. 252 Old Town | Route 66 | Touristen Aussichtspunkt-Grand Canyon
S. 253 Namensvetter Ortschaft | Willkommen in Arizona | Camping
S. 254 Monument Valley | Fels Monumente | versteckte Indianersiedlung
S. 255 Mesa Verde Indianerreservat | Bergpanorama | Baumwollernte

Verbrauchsdaten

170.000 Gesamtkilometer ca.
8500 Liter Benzinverbrauch
15 Ölwechsel samt Filter
43 Liter Motorenöl verbraucht
5 Hinterreifen
3 Vorderreifen
2 Plattfüße vorn
5 Plattfüße hinten
2 Tachowellen (5000km ohne Tachoanzeige ca.)
5 Kettensätze
6x Scottoiler Touringtank aufgefüllt zur Kettenschmierung
2 Antriebsdämpfer
3 Glühlampen H7
5x Ventilspiel kontrolliert
40 Grenzdurchläufe mehr oder weniger
0 Speichenbrüche
5 Zündkerzen Iridium
1 Kettenriss durch Steineinwirkung
1 Schlauch hinten
9 Stürze-/Ausrutscher
3 Kupplungszüge
30.000 Flugkilometer ca.
1 Diebstahl mit Messerbedrohung (Bolivien- Cochambamba)
1 Bedrohung nachts durch einen Bären beim Camping in Canada
0 Carnet de Passage, nicht erforderlich in Süd-Mittel und Nordamerika
1 neuer Motor aus Unfallmaschine mit 13 Meilen, nach 125.000km

Zahllose Freunde und hilfsbereite Mitmenschen kennengelernt, unbezahlbar.